去杠杆：
经济转型下的高质量发展

李 扬 主编

社会科学文献出版社
SOCIAL SCIENCES ACADEMIC PRESS (CHINA)

缘　起

　　获取知识的途径大抵有三：读书、听讲和实践。读书可品书香、摒铜臭，且有反复揣摩之便、自我体悟之乐。听讲则隐隐有书院之传，优势在现场感和互动——于讲者，现场可能灵光乍现；于听者，常能浮想联翩，触类旁通；讲者与听者互动，则可相互激励、讲评相长，搞得好，发掘出新课题、铺陈出锦绣文章，并非难事。实践则是获取知识的根本途径，它不仅是一切知识的源泉，而且是主观见诸客观的社会活动，更是体现了人们获取知识的最终目的。

　　简言之，读书、听讲和实践，对于获取知识而言，各有其独到之处，其功效相互不可替代。然而，如果从实行的角度考察，则三者的差别立现：读书和实践可由人们自我实现，而听讲则须有所组织，于是就有了兴办学术机构的必要性——这也就意味着，组织各类学术讨论与讲座，属学术机构之本分。

　　国家金融与发展实验室自 2015 年整合重组并被中央正式确认为首批国家高端智库以来，一直致力于举办各种类型的讲坛、论坛、研讨会、读书会、研习会等,一年凡二十余次。此类会议选题广泛,讨论集中,参会者名家云集,且来自各个领域,大家的发言直抒胸臆,不落窠臼,因而很受欢迎。遗憾此类会议中的多数在当时都不能面向社会,产生的影响有限,因而就有将会议详细记录整理出来,结集出版的动议。这就是实验室"立言"书系的由来。既然以"立言"自命,当然以展示讲者的"精气神"为第一要务。这就是我们不做四平八稳、无懈可击的论文集,而选择实录形式的缘由。

我们的长期合作伙伴社会科学文献出版社得知丛书的出版计划,立即给予了专业化的回应,精心设计的版式、装帧乃至纸型的选择,都与丛书的气质契合,为丛书增色颇多,在此一并致谢!

李扬

2017 年 7 月 27 日

中国去杠杆：年度分析

北京，2018 年 3 月 29 日

◎ 去杠杆是配合中国经济大转型的战略安排，具有深远的意义

◎ 2017 年我国房地产商和地方融资平台两个主要借债主体的个体行为发生了较大变化，可能会对杠杆率结果产生影响

◎ 外贸的强劲复苏，在很大程度上帮助了杠杆率企稳，未来全球贸易形势则存在较大不确定性

◎ 杠杆率整体看是可控的，但是局部有风险

◎ 房地产市场企业负债率的两极化较为严重，在整体融资成本上升、流动性开始收紧的情况下，也要注意中小企业的违约风险

去杠杆的破产法思维

北京，2018 年 5 月 24 日

◎ 杠杆率的问题不从根本上入手是解决不了的，即使暂时去杠杆，
   如果体制不改革，杠杆率的问题还会重现

◎ 从《破产法》的功能看，其未来将会发挥越来越大的作用，特别
   是在"僵尸"企业的处理、去杠杆、困境企业重组等方面

◎ 我们所谓边际改革也好、增量改革也好，其实就是让新生的力量
   成长起来，然后促使陈旧的部分要么自己转化、要么退出历史潮流

◎ 人才可以有两种获取财富的方式：第一，生产性努力，靠自己创造
   财富；第二，分配性努力，不参与生产只进行分配

去杠杆政策转向了吗？

北京，2018 年 9 月 18 日

◎ 去杠杆要减少政府对财政、信贷资源配置的引导，要调整市场
的力量，强调市场导向，使市场在资源配置中发挥决定性作用

◎ 在宏观调控过程中发挥政府作用很重要，同时政府的力量除了
配置好自己的三方面资源之外，还要加大对企业的支持和扶持

◎ 中国的杠杆问题如果没有从结构和体制的视角分析，而是只考
虑总量问题，则毫无意义

◎ 房地产的涨价预期是造成房企加杠杆的根本原因，其间的因果关
系并非因为加杠杆所以涨价，而是因为有涨价预期所以才加杠杆

中国国家资产负债表 2018

北京，2018 年 12 月 26 日

◎ 国家资产负债表的编制有助于"摸清家底"，构筑国家治理体系
  与治理能力现代化的统计基础设施

◎ 中国国家资产负债表揭示出各经济主体主要经济活动之间的对应
  关系，勾勒出国家经济运行的机制

◎ 注重优化配置存量财富，才是迈向高质量发展的关键

◎ 持续的经济增长下行使中国经济面临转型问题，逐渐把更多资源
  配置到其他领域，而不是房地产行业

◎ 某种程度上，就财富积累而言，国民财富比国民收入和国内生产
  总值还重要

新时代的城镇化与高质量发展

北京，2018 年 10 月 12 日

◎ 工业化先行是中国城镇化得以顺利推进的一个显著特点，是
中国经济发展的成功之处

◎ 城市化导向要从"见物不见人"转向"以人为中心"，政府
职能也要发生转变

◎ 城镇化要在优化人口空间分布的基础上，通过基础设施建设
和要素配置，引导城乡产业结构的转型升级，促进区域协调
发展，以此来支撑高质量发展

◎ 高质量的城市化发展需要高质量的政府来支撑

◎ 一个国家的繁荣需要国家能力、法治政府与责任政府的三者
配合，缺一不可

中国去杠杆：年度分析

2018 年 3 月 29 日，国家金融与发展实验室在北京召开"中国去杠杆：年度分析"研讨会。来自国际货币基金组织、标普及德意志银行的多位专家出席会议，并表示国家金融与发展实验室的测算数据已经成为其估算中国政府资产负债的重要参考。会议同步发布了《中国去杠杆进程报告（2017年度）》，报告指出，2017 年去杠杆与防范化解风险初见成效。实体经济杠杆率增速回落，总水平趋稳。局部去杠杆体现为非金融企业杠杆率回落及金融部门去杠杆加速。但从结构上来看，居民杠杆率快速攀升。

主要出席嘉宾

李　扬　中国社会科学院学部委员、国家金融与发展实验室理事长

张晓晶　国家金融与发展实验室副主任、中国社会科学院经济研究所副所长

刘　磊　国家资产负债表研究中心高级研究员

张智威　德意志银行大中华区首席经济学家

张龙梅　国际货币基金组织驻华副代表

李国宜　标普董事总经理、首席评级官

中国去杠杆的回顾与展望

李扬

　　经过几年的讨论，"去杠杆"已经变成家喻户晓的事情。从全球看，这件事情被大家关注是从本轮危机开始的。这次百年不遇的危机，其触发和加剧的因素就是杠杆率过高，从此全世界启动了去杠杆的进程。中国去杠杆的进程比世界慢半拍，原因是国情不太一样，作为一个大国，确实有和全球各方面的发展进程不完全一致的地方。全球去杠杆时，国内普遍认为美国杠杆率高、中国杠杆率低，美国的金融创新过度、中国的金融创新不足。但是随着时间推演，人们逐渐认识到，在全球化的背景下，危机对所有国家都有影响，只是影响的程度、时间不一样。

　　从 2015 年开始，在供给侧结构性改革大战略的基础上，中国正式提出"去杠杆"的战略目标。这个大战略被具体化为"三去一降一补"，"三去"是去产能、去库存、去杠杆，分别涉及实体经济、房地产和金融杠杆率，"降"是降成本，"补"是补短板。之后，中国正式开始去杠杆进程。

2017 年 7 月，金融去杠杆达到高潮，其标志是 7 月 15~17 日召开的全国金融工作会议。此次会议非常明确地提出了"去杠杆"的任务，还提出了防范和化解金融风险的战略任务，该任务也在 2017 年底的中央经济工作会议上被确立为之后三年的攻坚战之一，而且是"三大攻坚战"之首，也就是说要从 2018 年开始，用至少三年时间，集中解决金融风险过高的问题。正如习近平总书记所说，金融风险的源头是高杠杆，这样就把"去杠杆"提到了无以复加的高度。

第一，报告将中国的杠杆率从 1993 年开始分为四个阶段，分别是 1993~2003 年的渐进加杠杆阶段、2003~2008 年的自主去杠杆阶段、2008~2015 年的快速加杠杆阶段、2015 年底以来的强制去杠杆阶段。事实上，到今天去杠杆已经成为中国的国家战略，债务风险过高和杠杆率过高的问题可望有效解决。

第二，随着去杠杆深入人心，人们逐渐对此有多方面的观察。其实杠杆率高低本身没有太多经济含义，必须配合其他因素分析。联系中国的情况，按照我们的分类，第一阶段杠杆率上升得非常快，从另一面观察，就是中国正在货币化。我国是从实物经济、计划经济脱胎而来的，当时的任务就是要推进经济货币化，而且当时我国在进行"投改贷""拨改贷"改革。20 世纪 90 年代以前，中国企业（特别是国企）的资金都是财政拨给的，包括股本、长期资金，银行只提供短期贷款。所以当时企业的负债率普遍是 20%~30%，但这种情况与发展市场经济是不一致的，市场经济需要银行、金融多发挥作用，需要企业能够更加节约、更有效率地使用资金。为了达到这个目的，需要让企业知道使用资金是有成本的，所以中国启动了拨款改贷款改革，简称"拨改贷"，原来由财政拨款的大量资金改由银行供应，企业就有了成本的概念，而且成本是很高的。"拨改贷"大规模降低了企业的资本金，提高了杠杆率和负债率，但是结合中国从传统计划体制挣脱出来的背景看，是进步的。

"拨改贷"之后，很多因素促使杠杆率快速提升，其中非常重要的一点是中国经济成长很快，国民收入增长非常快。由于当时的财政体制相对滞后，钱都进入了金融体系，所以在 20 世纪 90 年代后半叶又出现了"两个比重过低"的问题，一是财政收入占 GDP 的比重过低，不到 10%。现在我们预算内的财政收入占 GDP 的比重将近30%，加上其他项后约为 35%，在国民收入第一次分配中，财政收入达到 30% 以上才能进行宏观调控。二是中央财政收入占整个国家财政收入的比重过低。现在整个国家财政收入的 60% 以上在中央，财政支出的 60% 以上在地方，中央有 20%~30% 的财政收入是用于转移支付的。在那个年代，中国的金融系统发展得非常快，同时也促进了经济的快速成长，以及杠杆率的快速提高。如果仅仅说杠杆率的过快提高，这当然是坏事，但结合历史进程来看，这不是坏事，而是体制转轨中的一个现象。

从21世纪初一直到危机之前，我国的杠杆率比较平稳。一方面是因为金融扩张不可能太快；另一方面是因为中国加入WTO，进入全球化体系之后，经济增长速度更快了。杠杆率的分母是GDP，GDP增速提高，杠杆率肯定就会下降，所以这个阶段的杠杆率比较平稳，略有下降。但是金融危机后杠杆率上升了，这是一个非常值得讨论的时间节点，2009年中国启动"4万亿"财政刺激计划，新增银行贷款达9.6万亿元，之后财政刺激计划虽没有再加码，但从此信贷扩张的速度接近两位数的水平，杠杆率就演变成今天的状况。

回顾这个过程可以知道，中国的杠杆率不能简单地用一个指标、一个角度、一个理论、一个标准去判断，要结合整个历史情况来看。

第三，2017年底的中央经济工作会议确立了三大攻坚战。一是防范化解重大风险，重点是防控金融风险；二是精准脱贫；三是污染防治。并提出要花三年时间完成"三大攻坚战"，实际执行中可能还需更长时间。从事经济工作的人都应该知道实施这"三大攻坚战"是不挣钱的，也就是说对于经济增长可能都不是有利因素。比如防范化解重大风险，把防风险放在首位当然不可能比过去经济增长得更快；治理环境，肯定需要大量投入，但是几乎没有产出；精准脱贫，三年时间要投入大量的资金。中国政府下决心做这几件事，实际上是一个长期的大战略。这个战略可以分三步走，到2020年全面建成小康社会，到2035年基本实现社会主义现代化，到2050年全面建成社会主义现代化强国。为了"三步走"走得顺当，我们现在拿出一点资源、牺牲一些GDP，重点整治阻碍长期稳定发展的三个因素，也就是金融风险、收入分配不公，以及环境污染问题。

这在中国历史上是非同寻常的，当然我们也考虑到，即使花很多资源去做这件事情，GDP增速仍然能够保持在6%以上，这是中国目前做所有事情的底气。2017年中央经济工作会议之后，中国十几个省（区、市）GDP增速有所下降，但把"水分"挤掉后GDP增速还能超过6%，证明中国去杠杆确实进入了实质性阶段。

第四，去杠杆是配合中国经济大转型的一个战略安排，具有深远的意义。在这样的背景下，不要对杠杆问题过分地解读。

第五，谈一谈金融去杠杆和实体经济去杠杆的问题。从全世界来看，金融去杠杆取得了很大的进展，但是实体经济基本上没有去杠杆。在金融没有发生颠覆性变化的前提下，金融的资产扩张和实体经济的增长大致有一个稳定的比例关系，所以随着GDP增长，全球的实体经济杠杆率在上升，但金融杠杆率是下降的。去杠杆进行到今天，明确地说，金融去杠杆的成效是比较突出的，这说明实体经济中要解决的问题在于不良资产。因此在今后若干年里，解决不良资产的问题应当成为中国去杠杆的主要任务。

我之前也介绍过，中国现在有两个部际联席会，一个是债转股的部际联席会，另一个是央企改革特别是处置"僵尸"企业的部际联席会，这些工作表明了中央要解决不良资产问题的决心。负债没有什么了不起，如果都是优良资产，负债率越高说明能够支配的资源越多，甚至是经济运行越有效率的表现。反之，如果有大量的不良资产，即便杠杆率很低，也是风险重重、危机重重。我们研究杠杆率问题，眼界不能只局限在数字上。

总之，这是一件很有意义的事情，以此为线索，我们可以把国民经济的很多大问题串联起来，能够比较系统地分析中国经济金融运行。

美国从 2008 年开始金融去杠杆的进程，我曾在一篇文章里写道，美国用了 8 年时间集中完成金融去杠杆，实体经济得到恢复。中国体制的力量比美国强，只需要 3~4 年时间，就能排除金融领域的主要问题。所以三大攻坚战的目标顺利实现之后，中国经济会更加健康、更加有质量、更加平稳地增长。

2017 年度中国去杠杆进程报告

张晓晶

我们未来的研究应该更加深入，会测算一个长周期的杠杆率，考察十几个国家 150 年间的杠杆率变化，将得到很多有意义的结果。另外，我一直很困惑去杠杆（特别是金融去杠杆）需要去到什么程度，刚才李扬理事长已经说道，经过三年攻坚战应该会形成一个更加健康的环境和新的经济发展平台。我的理解是，到那时很多事情会告一段落，很可能会形成新的周期。

接下来由我汇报一下 2017 年度中国去杠杆进程报告，前几次季度报告记录了杠杆率的变化，这次的年度报告也有很多变化。

一、2017 年度报告的几大变化

我们根据所能获得的数据进行研究，对 1993~2017 年的杠杆率进行了全面梳理与调整，基本涵盖了四分之一个世纪，我觉得这在中国是很不容易的。我们这次的梳理工作进行了较多调整，主要有以下几个变化。

其一，对原来重复的部分进行了扣减。很多细心的读者会看到，我们发布的报告中分部门杠杆率加总后和总杠杆率总是相差 2~3 个百分点，这个差距就是政府部门和企业部门重复的部分。这次我们把既属于地方性、政府性债务又具有非金融企业性质的债务从非金融部门中扣减掉，留在了政府部门。

其二，根据季度 GDP 以及其他相关数据的官方调整与公布，对杠杆率做出相应调整。我们发现每个季度美国、中国的名义 GDP 都有调整，调整以后杠杆率一定会发生变化。此外，我们在估算政府的一些债务时，并没有拿到债券发行额度的实际数据，因此进行了推算，直到下一季度数据公布后，再进行调整。

其三，对于非金融企业的境外融资做出估计并计入企业杠杆率。过去我们并没有把企业的境外融资纳入，一是由于数据的可获得性有限，二是由于大家对这个问题的认识可能也不够充分。尽管国际清算银行（BIS）有类似方面的估算，但也没有公布相关数据。这次报告我们对境外融资、境外杠杆专门做了估算，这几部分的调整使得整个数据成为全新的数据。

其四，针对 BIS 在估算中国杠杆率方面的相关发布信息，我想说两点。第一，我们的季度杠杆率数据发布比他们至少领先一个季度，他们现在最新的数据大概在第三季度，而我们已经在发布年度数据。

第二，中国国内（包括官方）在进行杠杆率比较的时候，基本上用的都是 BIS 的数据。我们希望大家日后多采用实验室的数据，如果用的都是外国人测算的杠杆率数据，就无法体现最基本的中国话语权。我们的全套数据都将放在国家金融与发展实验室的官网上，大家可以自行下载，也可以将它和 BIS 的数据进行对比，可能存在几个百分点的系统性差异。至于差异产生的原因，我认为很难说是数据不足，而是因为 BIS 的测算中纳入了一些我们认为不太可靠的、可能有太多估算性质的内容，我们在考虑各方面的因素后，没有纳入这些内容。

二、2017 年度报告主体内容

李扬理事长也提到，2015 年底中央经济工作会议上就开始说去杠杆了，但在 2016 年时并没有见效，杠杆率反而上升超过 12 个百分点。为什么 2015 年底提出，2016 年没有效果，2017 年才有效果？除了 2017 年召开全国金融工作会议再次强调的原因，我认为在 2016 年有两个因素不容忽视。

第一个因素是 2016 年第一季度的经济发展不够理想，去杠杆的力度出现了一定意义上的"放水"。在向上递交第一季度宏观报告之前，我们有过关于第一季度的讨论，中央也已基本掌握当时的经济情况，所以对于去杠杆有些犹豫了。如果从季度杠杆率来看，2016 年第一季度杠杆率的上升还是很快的。

第二个因素是居民杠杆率，也是今天大家关注的焦点。2015~2017年，居民杠杆率以每年平均增长4.9个百分点的速度快速攀升，2008~2015年每年上升2~3个百分点。

这两个因素叠加，就导致我们在2016年根本看不到去杠杆的效果。

通过我们的数据，可以非常有把握地认为去杠杆在2017年才出现成效。这个成效体现在两方面：第一，总杠杆趋于平稳，2008~2015年杠杆率年均增长12个百分点，2016年上涨12.4个百分点，而2017年仅增长2.3个百分点；第二，杠杆率内部结构发生了变化，出现了金融部门、企业部门的局部去杠杆，政府部门杠杆率也略有下降。

25年间的杠杆率变化可以大致分为以下四个阶段（见图1）。

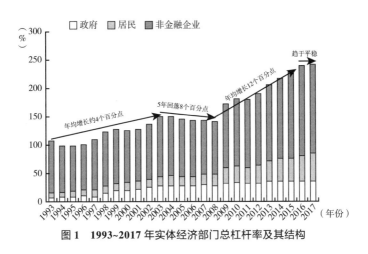

图1　1993~2017年实体经济部门总杠杆率及其结构

第一个阶段，1993~2003 年，渐进加杠杆阶段。杠杆率每年增长约 4 个百分点，其变化受到亚洲金融危机、互联网泡沫、"非典"等外部冲击，以及货币化等内生因素的多重影响。其中，1993 年的上涨与小平同志的谈话有很大关系；而 1994 年的下降，则是由于朱镕基副总理兼任央行行长时，采取了非常严厉的措施，包括整治海南房地产市场等，这说明杠杆率的变化和当时的具体情况都是相关的。

第二个阶段，2003~2008 年，自主去杠杆阶段。在此过程中我国的债务仍在上升，但是经济形势非常好，名义 GDP 上升更快，因此出现了杠杆率的回落。但中国经济向好与全球经济向好是同步的，中国的经济上升周期与全球的大繁荣阶段是完全重合的，这也酝酿了日后所谓的危机。

第三个阶段，2008~2015 年，快速加杠杆阶段。杠杆率的影响因素包括 4 万亿元信贷的支撑、启动房地产并将房地产作为支柱产业，以及调低企业资本金等。同时为了配合 4 万亿元信贷，许多融资平台、相关政策要与之呼应，因而产生了不少金融松绑现象。过去一段时间我们认为杠杆率不太高、金融创新不足、金融竞争力不够，最终形成了"放"的局面，一方面是放水，即放信贷，另一方面是放松，即放松管制，这导致这个阶段杠杆率攀升。直到 2015 年底我们才提出去杠杆，此时我国与发达经济体是完全错位的。发达经济体从 2008 年开始就启动去杠杆了，而此时我国刚好是快速加杠杆的阶段。直到今天，我们正为去杠杆烦恼的时候，发达经济体却开始金融松绑，要重新调整和审查《多德－弗兰克法案》。

第四个阶段，从 2015 年底开始的强制去杠杆阶段。这个阶段可以看到中央的决心，同时也配套出台了相关政策。这些政策包括处理"僵尸"企业、国有企业的杠杆率和地方隐性债务问题。可以看出中央下了很大的决心，同时将去杠杆成效与"乌纱帽"挂钩，确实起到了一定作用，未来的去杠杆不在于会不会"去"，而是说"去"到什么程度，对此我们还会进一步观察。

下面分部门来看，包括居民、企业、政府和金融部门。其中居民部门是大家关注的焦点，甚至有人提出居民部门要去杠杆，对此，我认为可以做一些更细致的分析。

首先看居民部门的情况，与总杠杆率走势很接近，但不完全一样，总杠杆率是有升有降、有快有慢，居民部门基本上呈加速上升的态势（见图 2）。第一阶段，1993~2008 年，一共上升超过 10 个百分点；第二阶段，2008~2015 年，每年增长 2~3 个百分点；第三阶段，2015~2017 年，以每年平均增长 4.9 个百分点的速度快速攀升。加速的趋势使得我们今天开始担心杠杆率的风险，特别是市场和监管部门。

我认为大家最主要的担心基于两点。

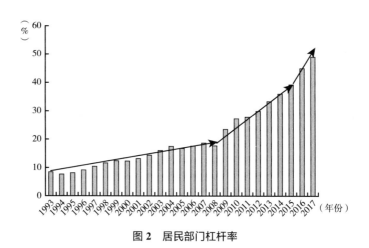

图2　居民部门杠杆率

　　第一点，短期消费贷成为变相的抵押贷，加大了风险。目前，抵押贷款被控制住了，各方面的政策都很严格，想要通过银行放贷支持购房不太容易，除非有自己的现金、存款，所以出现了短期消费贷变相成为抵押贷的情况，但实际上，这是非常危险的，因为短期消费贷是没有抵押物的。

　　第二点，较大的收入及财富差距使得平均意义上的杠杆率不能完全反映实质上的结构性风险。国家统计局公布的基尼系数为0.45~0.46，贫富差距近年来有所缓解，但未来走势如何，暂时没有定数。如果扶贫攻坚战取得阶段性胜利或是决定性胜利，当前的状况会有所改观，但是实际的财富差距不可能在短期消除。根据《21世纪资本论》的作者皮凯蒂提供的关于中国收入不平等的数据，收入最高的 10% 的家庭，其收入占我国总收入的 40% 以上，财富方面则占 65% 左右。收入方面的差距 2006~2007 年趋于平稳，财富方面的差距则从 2011 年以来开始趋平。至于国际上的比较，我们的贫富差距比拉美、美国要低，但是高于法国及其他北欧国家。

尽管目前我国的贫富差距因素是需要考虑的，但我们团队仍然认为居民部门的风险不应被夸大，尤其是被媒体、市场夸大。基于以下几点原因，我们认为居民部门没有那么大的风险。

第一，从收入流角度看，最近几年居民收入增速放缓了，但本身的水平还是相对较高的。我们对 40 多万亿元贷款每年的还本付息压力进行了估算。假设银行贷款利率为 4.9%，平均贷款久期为 15 年，根据我们的估算，居民每年还本付息的压力约为债务余额的 10%。假设银行贷款利率是 5%、5.1%，平均贷款久期为 10 年，调整后的还本付息压力为债务余额的 11%~12%。这意味着以平均水平来看，每年拿出可支配收入的 10% 即可还清债务。当然，部分人还不起的情况仍然存在，但局部的结构性风险存在并不能说明总体的居民部门有较大风险。

第二，即便在收入出现下降的时候，居民仍有大量的存量金融资产来应对流动性风险。我们通过计算"居民部门贷款／（存款＋现金）"来估算居民部门用存量资产应对流动性风险的能力，并进行国际比较。其中，存量资产仅使用高流动性的资产来进行计算，不包括固定资产和理财等类存款。在此情形下，我国的"居民部门贷款／（存款＋现金）"数据仍是最低的，为 56%~57%，风险远低于其他发达国家。

第三，居民储蓄方面，我认为这是最重要的一点。我们讲的居民储蓄是实物经济的概念，是指收入中的未消费部分，未消费部分有很多种存在形式，包括买外汇、买保险、购置固定资产等，也包括储蓄存款。目前我国的居民储蓄率位列全球第一，从 2010 年开始大概定点在 42%，现在下降到 37% 左右，仍然是非常高的，所以无须紧张，而我国的储蓄存款规模也是全球第一。居民高储蓄率提供了最终保证，显示我国有足够的债务清偿能力。

因此，居民部门目前需要的不是去杠杆，而是稳杠杆。我觉得现在讲去杠杆不太切实际，也没有理解中央的大战略。

其次看企业部门的情况，企业部门真正是去杠杆的重点部门，也是 2017 年才开始初见成效。非金融企业部门杠杆率由上年的 158.2% 回落至 156.9%，下降了 1.3 个百分点（见图 3）。

企业部门的去杠杆主要由非国有企业来实现。国有企业也有一点成绩，我们对国资委控制的上市公司的资产负债率进行统计，数据显示大部分企业资产负债率有所下降，资产负债率保持原有水平或上升的仅占很小的比重。总体上国有企业的资产负债率在 2017 年微弱下降了 0.4 个百分点，但还是比平均水平高。因此，即便国有企业出现了去杠杆的苗头，但由于非国有企业去得更快更多，国有企业的债务

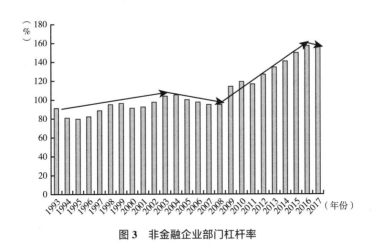

图3　非金融企业部门杠杆率

占非金融企业债务的比重实际上是上升的，约上升3个百分点。

2017年境外融资由于问题较多，也引起很多关注。我们结合了外管局的数据、BIS的数据以及相关调研数据对1993年至今的状况进行估算，境外融资总额约4.4万亿元，占GDP的5.5%左右。如果不考虑境外融资，企业部门杠杆率可能会下降几个百分点，如果考虑境外融资，杠杆率则会上升5个百分点左右，这也是我们此次发布的杠杆率和之前的区别所在。总体而言，企业借助外部杠杆发展的水平还是相对较低的，产生问题的主要原因在于采用了不太合规的方法，比如内保外贷等。总之，企业部门还要将国有企业去杠杆作为重中之重。

再次看政府部门的情况，政府部门现在最大的问题在于隐性债务。总体而言，从显性杠杆率的国际比较来看，政府部门一点问题都没有，中央经济工作会议公布了目前的杠杆率，约为 36.2%，总体债务为 30 万亿元左右，距国际标准 60% 的警戒线尚有一定空间。但我们担心最多的还是隐性债务问题，最近国家出台了许多政策，涉及怎么控制地方政府的隐性债务、怎么解决存量、怎么控制新增量等问题。

我们将政府部门细化为中央政府和地方政府。1993~2010 年，中央政府的债务占比更高，之后二者发生了变化，地方政府杠杆率提升较快、中央政府杠杆率保持平稳（见图 4），地方政府债务占比更大。这是一个非常大的问题，显性债务已经导致不少地方政府难以负担。有些地方政府的增长率非常低，甚至为负，很难支撑起庞大的债务。我们建议，地方政府和中央政府未来应该交叉换位，还是中央政府占比大比较好，既能保证安全，也能更好地统筹相关事宜。

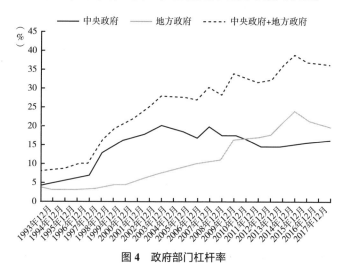

图 4　政府部门杠杆率

我还想对地方政府的隐性债务做一些分析，包括风险和未来的发展情况等。

第一方面，融资平台。融资平台债务的增速实际上是放缓了，当前地方政府融资平台债务约 30 万亿元，占 GDP 的 40% 左右，是地方政府隐性债务中最大的部分。近两年由于地方政府债务置换以及一些替代性融资方案的出现，这部分债务已从 20% 以上的高增速回落至 10% 左右，其占 GDP 的比例也相应走平。不过，尽管很多平台和政府进行了切割，但是如果学校、医院等平台出现问题，还是需要政府财政的填补。这实际上是一个社会问题，不是简单的企业效益问题、企业是否破产的问题，因此我们非常关注融资平台的切割能否最终完成。

第二方面，融资担保机制。过去很多隐性负债的问题是由担保带来的，比如担保函、安慰函等。我们现在想通过市场机制或者政府与市场联合建立一种机制，成立一个融资担保公司、担保基金，接手政府以前做的这些事情。现在我们看到国家融资担保基金已经宣布在 5 月 1 日成立，但是国家融资担保基金能不能和中央政府明确切割，尚不能确定。因为最后出问题还要由中央承担，所以我认为，尽管我们采取了各种各样的措施，在目前的体制下，中央政府、地方政府和国企之间剪不断、理还乱的关系将持续存在。

李扬

·我简单补充一下，中国的融资担保机制最早在十几年前就已提出，主要针对中小微企业贷款难的问题，一开始人们认为应当市场化、商业化，所以各地成立了很多融资担保机构。刚成立的时候我们也调查了许多机构，认为目前这种融资担保机制是"短命"的，因为它和商业银行是同构的，因此也同震，所以我们认为这类机构不能很好地解决问题。在别的国家，融资担保机构有成功的，也有很多不太成功的。但是在中国，用纯粹商业性的机制，主要依靠私人资本来提供融资担保，基本上都不成功。

我们在调查中也发现个别省份提出了政策性担保，就是地方政府参与、地方财政出钱二者缺一不可。地方政府出钱，增强了财政实力；地方政府参与，解决了私人融资担保品收回时遭遇赖账、无法催账的问题。为了使体系更加完善，中央成立了国家融资担保基金，支持各地政府成立政策性融资担保机制。至此，中国从上到下建立了一套政策性融资担保机制。其中政策性体现在两点：第一，政府出钱；第二，政府实际地进入了贷款决定、催收以及坏账处理的整个过程。在中央层面提出"采取股权投资再担保的形式支持各省、区、市开展融资担保业务"，形成了非常有效的机制和较为完善的体系。

从中共十八届三中全会《中共中央关于全面深化改革若干重大问题的决定》开始，中国政府对于金融体系以后发展的说法是"商业性金融、政策性金融、开发性金融、合作性金融分工合理、相互补充的体系"，即日后的金融体系不是纯商业化的，我认为这是符合中国当前国情的，而且符合全球危机以来世界各国的发展趋势。大家总认为美国是完全市场化的，但实际上美国也有不少政策性银行，美国的房地美、房利美等政策性金融机构规模庞大，资产位列全美第四。还有美国的社区银行，都有政府补贴。因此，金融中纯市场是不可能的，因为纯市场的金融就是只照顾富人、不照顾穷人，肯定是不行的。

张晓晶

李老师的补充非常重要，这种剪不断、理还乱的关系总会带来各类问题，也是地方政府债务问题不好解决的重要原因。去杠杆的关键在于两方面，一是地方政府，二是国有企业，二者的联系很紧密。比如解决地方政府隐性债务问题和国企去杠杆也是有关系的，与处理"僵尸"企业、融资平台等都有关系。

目前，所谓的隐性债务以各种各样的形式存在，包括政府投资基金、专项建设资金、政府购买服务、PPP 等。这些隐性债务风险刚冒头的时候，就已经有相关政策出台了。比如之前我们觉得 PPP 是未来融资的一个最重要的方式，但实际上真正落地的项目非常少，我认为这与政府对 PPP 风险的把控有很大关系。目前对于具体的隐性债务的估算有各种各样的算法，但总体上没有特别可靠的数据。我们要对这部分风险加以关注，不仅关注已经存在的形式，还要关注那些有可能出现的新方式。中央政府也是看到这种态势，所以采取高压的形式来应对。

第三方面，经过地方调研得出的建议，我们可能还需提出一些有建设性的短期可操作性方案。一是建立资本预算制度，强化政府性融资行为的预算管控，防止后期突破预算；二是打造中国版的地方政府"市政项目收益债"，更多地让地方政府发债。总而言之，要更多采用由显性债务来替代隐性债务的方式。

最后看金融部门的情况，金融部门和实体部门实际上是相互挂钩的，金融部门的去杠杆也是在 2017 年才见效。金融部门杠杆率从 1993 年到 2016 年有一个上升、平缓、加快上升、回落的变化过程（见图 5）。金融去杠杆迈出实质性的步伐是在 2017 年，而且金融去杠杆比实体经济去杠杆的幅度大。从负债方和资产方看金融部门杠杆率，分别降低了接近 5 个百分点和 8 个百分点，去杠杆进程较快，所以我们认为金融部门是加速去杠杆。

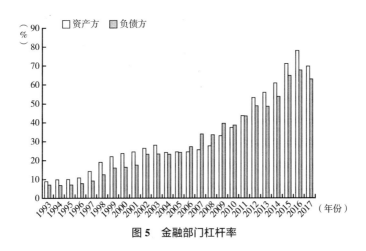

图5 金融部门杠杆率

我更愿意从监管周期角度来理解金融去杠杆，金融去杠杆的强监管是一个周期，这个周期有长有短。我们也对监管周期做了一个简单的回顾。

早在南海泡沫事件后，英国开始出台《泡沫法案》，有了监管，就开始有法律法规来限制所谓的投机活动，但后来法案慢慢地被废除了。原因在于1750年工业化如火如荼地开始了，在早期工业化阶段，很多专家、政客提出《泡沫法案》对于资本形成和工业化革命的支持不足，已经不适用了。所以1825年英国爆发危机，也是整个资本主义世界的第一次大危机后，英国出台了一系列监管法案与措施，打破了英格兰银行垄断以及其对汇率、银行业结构、英格兰银行角色等的影响，为英国在一战前成为世界金融体系的霸主奠定了基础。这类法案或者监管措施的出台，为维护大英帝国的金融体系、世界金融体系做出了巨大贡献。

一战以后，又过了一百年就轮到美国了。1929~1933 年的大萧条后，美国出台了《格拉斯－斯蒂格尔法案》，将商业银行与投资银行分离，实现分业经营；1999 年《格拉斯－斯蒂格尔法案》被废除后，出台《金融服务现代化法案》，开始混业经营；2010 年出台《多德－弗兰克法案》；再到 2017 年特朗普宣布调整《多德－弗兰克法案》。大家能看到，监管的周期出现危机后就开始调整，这个逻辑也很简单，监管不可能一直持续，就会出现各种各样的态势。

对国外资本市场和监管机构表现的关系，我们引用了国外文献，资本市场的表现通过相关指数衡量，监管机构的表现通过预算、人员数量衡量。可以看出，国外的资本市场和监管机构基本上是"你上我下""你下我上"的情况。资本市场过于活跃时，监管由于预算太低，没有办法对其进行管控，但是爆发大危机之后，监管各方面都严格起来，监管预算会上涨，监管人员也会增加，资本市场的活跃程度就被削减。

我国现在的强监管也是有周期的，我国的周期与其他国家的周期不一致才是最大的问题。也就是说国外在放松的时候，我国却在进行强监管。如何让金融企业、金融行业有国际竞争力，让金融创新能够在国际上领先，是非常重要的问题。因为我们需要金融开放，此次贸易战以及各种谈判的最终目的也都是促进金融开放。

如何去杠杆是一个战略问题，我们仍需要从长周期来看。现在我们拘泥于杠杆率的具体数值没有太大意义，关键在于如何认识现在去杠杆的阶段。我们强调去杠杆，但是几乎没有重要文件提出要"降低宏观杠杆率"，都是说"控制宏观杠杆率"。刘鹤副总理在《两次全球大危机的比较研究》里提到"每隔 70 年左右发生一次高负债"，他看到的是一个特别长的周期，每次高负债都会伴随一次经济大危机，这是非常危险的。

长周期的观点在美国、日本的杠杆率数据上可以得到基本的印证，1870~1945 年的周期内，主要是政府部门杠杆率上涨，私人部门杠杆率下降，总杠杆率也在上涨，整个过程差不多持续了 70 年。但美国实际上并不是这样的情况，具体来看，美国的杠杆率有回落的时候，如果将其细化，可以发现是以 30~40 年为一个小周期。从目前来看，我们可能到了一个要稳定杠杆的阶段，还不是去杠杆的阶段，因为我们还有"攻坚战"，这会对经济产生负面影响。所以我认为，在通过去杠杆来解决金融风险的政策考量中，一定要从长周期来考虑。

针对去杠杆我们提出以下建议。首先是基本稳定总杠杆率，采用中央的说法就是"宏观杠杆率得到控制"。其次是局部去杠杆，主要是针对实体部门中的企业部门杠杆和政府部门的隐性杠杆，当然金融部门也可以继续去杠杆。如果要保证总体杠杆率稳定，有些部门必须要去杠杆，那么从大战略看，还有些部门需要加杠杆。所以我认为，对于去杠杆而言，很重要的一点是要从整体经济发展的格局入手，要从一般均衡的角度而不是从局部均衡的角度来看。现在提出居民部门要去杠杆，我认为是没有着眼于中国经济发展的全局，没有着眼于杠杆率变化的长周期，也没有着眼于改革、发展、稳定三者的统一。再次，面对去杠杆，我们要从长周期的角度来看，现在稳杠杆是去杠杆的前提，局部去杠杆意味着有些部门稳杠杆，而有些部门还要加杠杆，只有懂得这个辩证逻辑的道理，我们才能真正地做到积极稳妥去杠杆。

债务风险与杠杆率分解——2017 年杠杆率报告

刘磊

　　我主要是用更多的数据对目前中国各部门杠杆率的发展做补充，再从宏观模型上对杠杆率做一定的分解，探讨未来去杠杆的步骤和阶段。

一、各部门债务风险分析

　　首先是居民部门。目前我国居民部门的杠杆率水平比较低。根据 BIS 公布的各国（地区）居民部门杠杆率数据，第 1 位瑞典大约是70%；第 30 位意大利大约是 40%；目前中国排在第 27 位，杠杆率为49% 左右。2007 年第二季度~2017 年第二季度各国（地区）居民部门杠杆率的变化情况见图 6，第一，接近 2/3 的国家（地区）杠杆率是上升的；第二，所有的发展中国家（地区）杠杆率都上升了。中国和挪威杠杆率上升得最快，这也是目前我国杠杆率的一个主要特点，就是在大部分国家（地区）上升的情况下，中国上升得比较快，其中一个因素是 2007 年之后，美国、英国等一些欧美国家（地区）已经

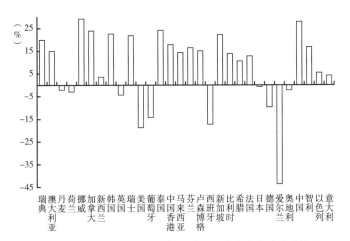

图 6　2007Q2~2017Q2 各国（地区）居民部门杠杆率变化情况

开始去杠杆。

从更长的时间看，二战后各国居民部门杠杆率显著提高，美国居民部门杠杆率从 20 世纪 50 年代的 20% 升至金融危机之前的 100%。我国居民部门杠杆率从 1993 年至今，绝对水平仍然偏低，但值得注意的是，2010 年以来其增速是比较高的。

我们的估算是符合国际规范的，和 IMF、BIS 都比较类似，只计算居民部门的各类贷款。一些专家和团队的估算会加入更广义的贷款，加入公积金贷款、小额贷款、P2P 等民间信用调整后的居民杠杆率相比初始杠杆率大约提升 8 个百分点。即便如此，调整后的中国居民部门杠杆率相对全球平均水平仍然处于低位，但是比新兴市场国家高得多。用经济学原理来解释这个现象，即金融部门能够随着金融市场的发展、金融体系的健全，使居民获得更多的负债，这其实是提高居民部门福利和效率的一种表现，所以发达国家居民部门的杠杆率一定是高于发展中国家的，这与李扬老师的说法一致，杠杆率的高低并不能从绝对水平上说明问题。

就居民部门杠杆率的风险而言，现在我国的存款和现金大概有 70 万亿元，居民负债如果用最广义的口径统计是 40 余万亿元。根据国家资产负债表研究中心的估算，2016 年居民部门的金融资产是 160 万亿元，按照这个数据，我国居民部门的资产负债率（微观杠杆率）是较低的，这主要归因于极高的居民储蓄率。居民储蓄率的计算是用居民的可支配收入减去居民的消费后再除以居民的可支配收入。从 20 世纪 90 年代到现在，居民储蓄率大部分时间高于 30%，最高在 2010 年，达到 40%，现在为 37% 左右，远远超过其他国家。高储蓄率转化成居民的各类资产，包括金融资产以及各种各样的实物资产，这也是目前中国居民资产负债率比较低的原因之一。

总而言之，居民部门杠杆率的主要问题并不是当前的绝对水平比较高，而是增速比较高，尤其是 2010 年之后。

还有一个相关的问题是居民部门内部的财富分配。做一个极端的假设，假设所有的资产都为 50% 的居民所有，所有的负债都为另外 50% 的居民所有。在发生金融危机时，这些资产对这些债务是没有任何覆盖性的，所以居民内部的财富分配比例是非常重要的。刚才张晓晶老师也介绍了，我国目前居民财富分配比例大概处于比美国好，但是比一些欧洲国家差的水平。所以，居民部门杠杆率是可以提高的，防范风险的主要方向实际上在于收入、财富分配更均等。

其次是非金融企业部门。中国非金融企业部门杠杆率的增速从 2010 年以来也比较高，并且远超其他几个国家（见图 7）。现在我们国家的非金融企业杠杆率是全球领先的，这个问题可以通过拆解非金融企业部门杠杆率的公式来看，非金融企业的杠杆率是非金融企业的债务和 GDP 之比，拆开来看是非金融企业的债务和资产之比乘以资产和 GDP 之比，这是一个恒等式。资产又是债务和股权的相加，所

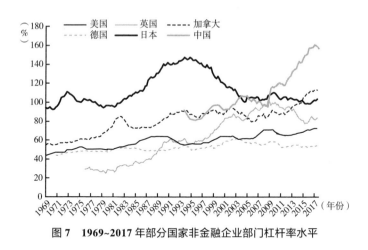

图7　1969~2017年部分国家非金融企业部门杠杆率水平

以债务和资产之比实际上就是企业的微观杠杆率，企业微观杠杆率就是资产负债率。所以，单独地、具体地来看，债务和资产之比、资产和GDP之比究竟是哪一项使得中国非金融企业的杠杆率处于全球最高的水平？

第一，非金融企业的债券加贷款和股权之比是资产负债率的概念。假设债券和贷款就是企业所有的负债，股权是企业的净资产，那么根据美国、英国、加拿大、德国、日本和中国的非金融企业部门微观杠杆率数据，可以看出中国企业的微观资产负债率和其他国家差距不大，所以企业负债率应该不是中国非金融企业杠杆率目前处在世界最高水平的主要原因。其他几个国家的非金融企业微观杠杆率数据来自各国国家资产负债表，这不是微观的企业负债的加总，而是总体上从国家资产负债表的角度考虑非金融企业在负债方的债券贷款和股权相应的比例，我们国家的水平来自我们中心的估算。

第二，从非金融企业的总资产和GDP之比可以看出我国的比例远远高于其他国家，所以拆解来看，这是我们目前非金融企业杠杆率过高的主要因素。总资产和GDP之比过高，在经济学里有两种主流解释方法，一种是把这个比例倒过来看，即GDP和总资产之比，就是单位资产究竟能产生多少经济产出，这是经济效率的表现。我国总资产和GDP之比比较高，总资产是GDP的4~5倍，也就是说，我国单位资产产生的GDP是比较小的，这可能有很多原因，包括生产效率不高、TFP不高等因素。另一种是从宏观均衡模型来说，资本收入比在均衡状态下等于储蓄率和增长率之比，正因为目前中国国民储蓄率处在一个比较高的水平，所以中国在均衡条件下的资本收入比也应该高于其他国家。以上两种方法都可以解释为什么我国目前的非金融企业总资产和GDP之比比较高，这实际上是我们国家目前杠杆率处于高位的主要原因。

总的来说，可以从两方面降低非金融企业杠杆率。

一是可以降低资产负债率，也可以降低总资产和GDP之比，但是关键在于非金融企业要缩表。目前我们国家正在进行的工作，就是通过国企改革、债务重组等方式降低总资产。例如中国联通进行混合所有制改革，其总资产从2016年底的6200亿元降至5700亿元，相应的资产负债率也下降了，联通本身的盈利水平也提高了，这其实就是非金融企业缩表的一种表现。

二是我们需要强调无效投资的概念。在宏观经济模型中，总支出又可以分为消费支出和投资支出，消费支出相当于消失了，投资支出形成了资本增量，即资本存量的增量。我们国家过去消费率比较低、储蓄率比较高，所以投资支出占 GDP 的比例比较高，形成了高额资本存量。但投资支出中有相当大的一部分并不是真正的投资，比如会计记账中，存在一些成本资本化或者政府的无效投资，这些形式的投资本身属于消费的范畴，却以投资的形式记账，导致目前资本存量过高。

缩表就是降低资产和 GDP 的比率，有两种方式：一种是把过去的一些无效投资变成可以产生 GDP 的有效投资，在分子（资产）不变的情况下使分母（GDP）增大，使企业的杠杆率下降；另一种是将原来的无效投资记到消费栏里，这可能导致消费率上升、储蓄率下降等宏观数据变化，但是企业的资产负债率也相应地缩表，即总资产下降了，我们认为这是未来降低非金融企业部门杠杆率的一个主要方向。

再次是政府部门。各国政府部门杠杆率显示，目前中国政府隐性的杠杆率是比较低的（见图 8）。如果加上 40 余万亿元的融资平台债务，政府部门的杠杆率可能提高到 60% 左右，但和其他国家相比依然是比较低的。政府部门的关键问题是政府基建项目融资平台的盈利能力比较低，有很多原因，比如一些政府项目实际上是公益性或者半公益性的，盈利能力并不是其主要的考虑因素。我们认为，一方面要规范；另一方面要将隐性债务显性化，在一定时期内，政府要持续地给予这些融资平台一定的补贴。

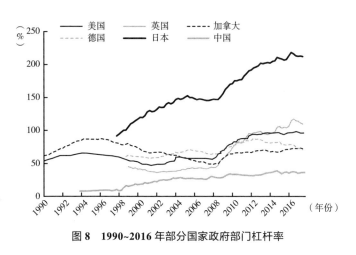

图8　1990~2016年部分国家政府部门杠杆率

最后是金融部门的杠杆率。金融部门实际上经历了比较大的变革，尤其是20世纪70年代之后，随着金融自由化、资本市场自由化的发展，金融部门从过去传统的银行中介模式变成了"发起—分销"的模式，不再简单是银行吸收存款并且发放贷款的过程，金融部门的内部变得更加复杂。以典型的"银证信"的合作方式为例，过去是居民将储蓄放到银行变成存款，银行再贷给企业；而现在居民这些储蓄变成了银行理财，银行理财购买了券商资管产品，可能又投放到信托产品里，信托公司最终把资金投给企业，依然是这个过程，但是中间的步骤变得更加复杂。

中间过程变得更加复杂之后有两点变化，一是整个金融部门的总资产上升了，原来仅仅是银行的存款和贷款，现在变成了三个金融机构的总资产都相应增加，所以整个金融体系的资本存量一定会上升。二是在原来简单的传统银行中介模式下，假设企业还本付息 110 元，那么居民可能得到 5 元的存款利息收入，银行得到 5 元的净息差。但现在变成"发起—分销"模式之后，这 5 元在金融部门内部要再进一步分配，变成了各种各样的管理费或者净息差。模式的转变使金融部门的链条变得极其复杂，内部的结构变得更加复杂，整个金融部门收取的管理费会越来越多。

从中、美两国金融行业增加值占 GDP 的比例可知，中国金融行业增加值占 GDP 的比例从 2008 年开始有一个极大的上升，目前占 GDP 的比例是 8%，已经超过了美国。这里存在一个恒等关系，即企业的融资成本等于储蓄者的利息收入加上金融行业的增加值，金融行业增加值的上升最终一定会传导到企业，使企业的融资成本上升，这也是现在融资难、融资贵以及企业融资成本上升的原因之一。当然，除增加值之外可能还有一些其他的影响因素。

金融行业总资产占 GDP 的比例也上升了。我们中心估算了整个中国金融行业的总资产占 GDP 的比重，中国人民银行公布了商业银行的总资产占 GDP 的比重，二者从 2010 年开始都是上升的，但是金融行业总资产占比上升的幅度更大。

做一个简单的比较，目前我国金融资产是 GDP 的 5~6 倍。美国的这一数据从 1880 年到 2010 年是没有超过 4 倍的。因此我国与美国相比，金融部门的资产占比水平更高。而金融行业的生产总值占全部 GDP 的比例显示，美国在大部分时间没有超过 8%，目前我国已经超过 8% 了。所以无论从哪个指标看，目前我国的杠杆率都是比较高的，这也是目前金融行业要去杠杆的一个背景因素。

金融行业去杠杆并不是要央行去杠杆，观察各国央行总资产占 GDP 的比重可知，其他国家从金融危机以来都有一个央行扩表的运动。我国没有这样的过程，整体上央行总资产占 GDP 的比例是比较高的，这是由目前我国央行的资产结构决定的。而从美联储的状况可以看出，危机之前 80%~90% 的资产是国债，量化宽松以后又买入了 MBS，两项加总后为 90% 左右，而我国大概 70% 都是外汇占款，国债占比仅为 5% 左右，所以我国央行不存在缩表的可能性，金融部门去杠杆的关键是商业银行和影子银行的缩表。

从商业银行总资产的增速可以看出，在 2013 年之前，同比增速全部高于 15%，最高时达到 25%。随着银行资产的上升，银行同业资产占总资产的比例也是上升的。根据我们估算的影子银行总资产和商业银行总资产的比例，截至 2016 年，影子银行的总资产占比约为 60%，可以看出，过去一段时间金融行业杠杆率不断上升，内部的链条不断增加。所以，未来去杠杆的方向就是降低商业银行和影子银行的资产占比。商业银行已经看到了比较明显的效果，总资产增速在 2017 年下降到 8% 左右，回落到比 GDP 增速低的水平。实际上，我们已经感受到了银行的理财、同业等各类影子银行资管产品的规模也在受到控制，所以金融部门在 2017 年去杠杆的效果很明显。而对于抑制金融部门内部的资金空转问题，未来还有很长的路要走。

这里需要强烈解释的一个问题是，金融部门的缩表实际上和实体经济的缩表、去杠杆是没有关系的。并不是金融行业去杠杆会影响到实体经济的信贷，同样，影响实体经济的信贷实际上就是实体经济的去杠杆，与金融部门没有关系。金融部门的去杠杆是要降低其内部的资产负债的链条，把"发起—分销"模式下复杂的金融体系变得更简单，用层级较少的资管产品代替层级较多的资管产品，使得内部的链条缩短，金融行业的总资产减少，但不会影响实体行业本身的信贷。这也是目前"资管新规"广受热议的原因，就是为了统一标准、统一监管，清理金融部门内部"黑箱"的运转。

从逻辑上、理论上来分析金融部门去杠杆的最终效果，如果中间的步骤减少，即如果金融行业的增加值占 GDP 的比例下降的话，则有利于实体经济的融资成本下降。因为金融行业 GDP 的占比就是实体行业的融资成本，这个占比下降，相应的融资成本一定也会下降。

二、杠杆率的分解

20 世纪 90 年代初期，我国杠杆率上升和当时的货币化是有关系的，过去杠杆率和 M2/GDP 的问题经济学界讨论得非常多。现在把这两项放在一起来讨论，实体经济的杠杆率是债务和 GDP 之比，可以分解成债务和货币（M2）之比再乘以货币和 GDP 之比。货币金融学中有一个基本的概念，货币是由信用创造出来的，由银行的贷款衍生出来的。但现实中不一定完全是银行的贷款，还包括银行购买的债券，这实际上是货币创生的过程，一个基本的假设就是货币等于银行的贷款加上银行购买的债券。债务和货币之比可以进一步分解，把债务分解成总贷款和债券，包括银行贷款、非银行贷款和银行持有债券、非银行持有债券。其中非银行贷款包括信托贷款、委托贷款、未承兑的汇票，都是由非银行的金融机构所创造出来的实体经济内部的贷款。非银行持有的债券，包括金融机构持有的和非银行金融机构持有的债券，后者也就是实体部门居民、企业持有的债券，于是进一步划分为货币（银行贷款 + 银行持有的债券）和非银行创造出的信用（非银行贷款 + 非银行持有债券）。因此，可以把债务和货币之比看成非银行创造的信用和银行创造的信用（货币）与货币之间的比率，M2 和 GDP 之比实际上就是货币流通速度的倒数。

从 20 世纪 90 年代到现在，我国实体经济杠杆率与 M2/GDP 在大部分时间里走势基本相同（见图 9）。1995~2010 年货币高于债务，也就是 M2/GDP 要高于实体经济的杠杆率。这段时间可以用商业银行贷存比来解释，1995 年之前商业银行的贷款一直是大于存款的，1995 年之后存款大于贷款。很多因素如外汇占款、中央银行资产负债表的变化不能解释其起因，而贷存比小于 1 产生的效果就是债务低于货币，也就是为什么 M2/GDP 在 1995~2010 年比实体经济杠杆率高。2010 年之后，实体经济杠杆率要高于 M2/GDP，并且二者差距越来越大，如果用上述公式分解的话，就是非银行的体系创造出的信用，包括居民或者企业持有的债券，还有一些影子银行对信用的创造所起到的作用，这是中国的情况。

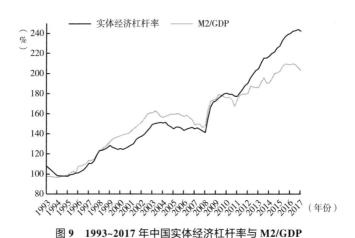

图 9　1993~2017 年中国实体经济杠杆率与 M2/GDP

我们也统计了其他国家从 1870 年到现在的实体经济杠杆率和 M2/GDP，包括美国、英国、日本和加拿大，从其数据可以看出一个普遍的规律，即债务增速一般是高于货币增速的，在大部分时间里债务也是高于货币的。基于此，我们认为控制实体经济杠杆率或者平稳实体经济杠杆率需要关注两方面，一是货币流通速度的问题，就是要稳住 M2/GDP；二是非银行体系所创造的信用和银行体系所创造的信用，二者以同样的比例，或者非银行体系创造的信用以更低的增速发展的话，我国的杠杆率实际上是可以控制住的。

　　回到之前的分解，控制债务和货币之比实际上是要控制影子银行体系的发展。因为大部分的增长是债务的增长，也就是非银行体系创造的债务增长比货币的增长高得多，这是一个核心的因素。此外，M2 和 GDP 之比是货币流通速度的倒数，中国在 20 世纪 90 年代正是一个货币化的过程，还有一些其他解释，包括储蓄率过高、不良资产较多、金融体系不健全、金融抑制等因素。随着金融科技的发展，M2 和 GDP 之比还受很多其他因素的影响，如支付习惯的变化、电子货币的发展，这些因素使货币流通速度发生了结构性、制度性的变化，更值得考虑。两者能够共同构成稳定未来实体经济杠杆率的因素，应该同时稳定或者一升一降，在理想状态下，这两个因素如果同时稳定的话实体经济杠杆率可以达到稳定的状态。

张智威

　　我主要的想法是，杠杆率是经济体里一些个体行为导致的结果，这些个体行为近年来发生的变化是我们现在比较关注的问题。至于对未来的预测，2017 年我国的杠杆率水平是稳定的，上升速度不是很快，未来 2~3 年是保持现在的状态，还是会有一些反弹？想要回答这个问题，可能要先分析个体行为有什么变化，其中两个主要的借债主体是房地产商和地方融资平台。

　　一是房地产商。2017 年度中国去杠杆进程报告里也提到，非金融企业的杠杆率得到了比较明显的控制。如果把非金融企业分为房地产商和其他企业，其他企业中，私营企业去杠杆是比较快的，而房地产商加杠杆的速度比较快。我觉得报告里很好的一点是把境外借债的部分纳入考量，在境外借债的企业应该大部分是房地产商。如果看过去 10 年中国房地产的周期，之前我们没有预期到的一点是，房地产政策收紧时房地产商还在继续加杠杆，这也是本轮周期与之前不太一样的地方。此前，房地产商买地的增速和卖房子的增速这两个数据的走向基本一致，是我们做预测时最好的先行指标，也就是说，一般房地产商不买地或房子卖不出去时，经济可能就要放缓。过去 12 个月内，房地产的销售逐渐下行，而卖地的势头非常足。一直到 2018 年2 月，卖地的增速还在 40% 左右，卖房子的增速可能已经降到了个位数。我认为这体现的是房地产商的预期特别乐观，他们认为房地产调控是时间比较短的，或者将来迟早会放松，现在能够买到地，将来还能够挣钱，囤地政策就变成了一个很流行的政策。5 年、10 年前只有少数的房地产商囤地，大多数比较谨慎。现在大家都在采取这个策略，这使房地产商这一轮杠杆加得比较高。如果把非金融企业分成房地产商和非房地产商两部分，二者可能正好方向相反。

二是地方融资平台的行为。我们 2018 年对 1800 家地方融资平台做了自下而上的研究，观察它们的债务增长速度与行为，比如举债的规模，以及是否做一些更盈利的生意。我们能够看到两点。第一，借债的增速略有下降，但下降的主要原因是有债务置换，如果把债务置换的量补充回去，这些地方融资平台债务的增长速度大约是每年20%。从 2009 年到现在基本保持这样的增长速度，这会导致债务率逐渐恶化，所以在举债方面的行为没有太大的变化。2018 年债务置换就将结束，可能还有 1.7 万亿元的余量。我们还要关注 1.7 万亿元债务置换以后，地方融资平台是否能保持现在的运行状态，因为借债的增长速度可能会弹回到 20% 左右。第二，我们可以看到各个财务指标基本上都是在恶化的，比如 ROA、ROE、利息保障倍数等，而且有的指标恶化得比较严重。

习总书记也一直强调地方政府乱举债要终身问责，大家确实意识到这方面的风险是比较高的。房地产方面似乎也采取了相对谨慎的政策，可能需要这两方面的政策共同发挥作用，可见，现在的政策治理确实看准了痛点所在。

张龙梅

我是从 2015 年开始测算中国的相关数据的，也是从 2015 年开始，中国的债务问题备受关注，各个机构都开始计算中国的债务率，出现了各种各样的数字。我认为关于债务问题的讨论，第一步是要对债务率的数据有一个共识，现在大家在数据方面已经没有特别大的分歧，因此可以进入更加实质性的讨论环节。我也有几个观点想和大家讨论。

第一，我们在讨论债务问题时，一定要区分微观的债务率和宏观的债务率。我认为从微观的角度，一个企业举债或还债没有绝对的好坏之分。比如一个成长型的企业，如果其前景非常好，可以加杠杆。但是从宏观的角度，一般情况下宏观债务率快速上涨一定会增大未来发生危机的风险。宏观债务率上升，主要反映了一些资源错配造成整个经济投资效率的下降，一旦有任何经济上的冲击，国家很容易陷入危机状态。所以这两个概念的区分是非常重要的，对一个国家而言，如果宏观的杠杆率上升过快，一定需要非常警戒。

2018 年的政府工作报告中有一个特别积极的变化，以前提到去杠杆时可能没有具体定义的指标，所以这个目标是比较含糊的，但2018 年总理第一次提到了要"保持宏观杠杆率的稳定"。我觉得这个提法是很好的，因为宏观杠杆率将居民、企业、政府部门都囊括了，而且虽然微观是在去杠杆，但是因为还有另一个"保增长"的目标，所以宏观的杠杆率可能只是保持稳定，而不会很快下降。

第二，储蓄率。因为中国的储蓄率比较高，所以中国的债务水平比其他国家高一些是正常的。针对这个观点，我有一半是认同的。一个国家在长期内保持什么债务水平是安全的？债务值确实与储蓄率有关，如果储蓄率高，同时有一个更高的债务值，那么相对来说风险也没有那么高。但我认为储蓄率动态的变化不能够解释中国债务率的上升，因为中国的储蓄率在 2010 年已经达到峰值，此后是在下降的，但储蓄率下降时，债务率仍在不断上升，所以这个过程中储蓄率发挥的缓解作用越来越小。因此，储蓄率的国别对比可以解释长期内中国与其他国家储蓄率水平的不同，但不能解释这个动态的变化。

第三，金融的去杠杆。我认为金融去杠杆在整个去杠杆的过程中提出得相对较晚，但是速度特别快。2017年，整个金融去杠杆的成效比我们之前的预计快得多、力度也大得多。接下来的问题是，金融去杠杆对实体经济的去杠杆会有多大的影响？我认为金融去杠杆会对实体经济的信贷产生影响，但可能会有滞后。比如刚开始只是把链条缩短，但到一定程度后，可能也会对实体经济的信贷产生一些影响，当然这个影响有一些不确定性，因为我们现在还有很多新的规定出台，像刚刚通过的关于资管的规定以及即将出台的细则等，所以还有待观察。

第四，关于未来如何判断中国的风险。张晓晶老师的看法是中国现在进入了一个稳定的阶段，整个宏观杠杆率处于一个比较稳定的水平。智威和其他很多机构可能会有一些存疑，它们觉得2017年中国总杠杆率取得这样的成绩，还是有一些运气的成分。因为目前整个外贸的形势属于非常强劲的复苏，这也在很大程度上帮助了我们企稳。在我们的基线情景里，未来两年贸易的情况比较乐观，但是因为现在全球贸易"硝烟四起"，所以也有很大的不确定性，这是一个外部的因素。而内部的因素，比如房地产行业现在有特别强烈的加杠杆意愿，对此，我们还有些担心。关于地方平台，现在也能感受到政府非常强烈地要在行为上做出改变的意愿，所以我在这方面相对乐观一点。

我觉得未来两年还有很多不确定的因素，杠杆率可能还会提升，关键在于提升多少，如果是 2~3 个百分点就可以接受，因为政府还有另外的目标需要考虑，比如总理提到的"基本稳定宏观杠杆率"。IMF 的观点一直都是希望去杠杆，尤其希望企业部门的去杠杆可以速度更快、力度更大，因为我们认为中国还有些基本的问题没有完全解决。中国是从 2016 年开始强制去杠杆的，目前还没有一种长效的市场机制来进行调节，这个问题会愈加严重，最后需要政府通过强制的手段来解决。所以我们还是希望有一个长效的机制，希望未来能够通过市场本身不断地化解问题。

李国宜

回应一下张龙梅提到的 GDP 增长问题，标普的观念也基本相近，即 GDP 增幅不大，并且 2019 年将稳定在此水平。我们觉得 2018 年去杠杆的决心与力度还会加大，会有很多相关举措。

首先，细节很重要。2017 年底出台的一些建议和目标都是非常清晰的，比如国有企业负债率三年降低 2 个百分点的计划，这是一个能从大方向上把控债务增长的约束。很多国企近期去杠杆的意识非常强，积极处置非核心资产，尤其是央企，在出售一些非核心资产的同时又进行了股权融资、混改，通过财务的强劲表现取得了一定的效率提升。而有些地方平台债务的增长还比较快，原因在于，剥离了政府融资功能后，它们需要更加商业化的转型，这个过程反而使之更快扩张，增加更多借债，加入一些金融类、租赁类的非主营业务。我们也关注到，个别企业在这方面的债务远比我们预计的高，所以，杠杆率整体看是可控的，但是局部有风险。

其次，中国去杠杆可能尚在起步阶段，很多风险暴露点还没有真正显示出来。现在我们比较关注企业再融资的风险，尤其是在海外市场，因为债券市场的定价制度比较灵活，能够反映投资人对企业再融资或者违约概率的态度。比如2017年我们有非常强劲的行业表现，但是很多钢铁企业、煤炭企业的负债率非常高，价格的降低或者融资成本的上升会导致它们没有足够的信用维持再融资，其可持续经营的情况不太乐观，所以企业持续的高负债状况非常值得关注，政策应考虑如何清退"僵尸"企业等。

最后，房地产市场的两极化是当前备受关注的。大企业的融资能力强、资本多，所以非常积极地购买土地；资质比较差的企业负债率相对较高，比如规模较小、区域化较明显的企业，对本地融资渠道的依赖度比较高，所以在整体融资成本上升、流动性开始收紧的情况下，其风险也在上升，我们也要注意这些中小发展商的违约风险。

去杠杆的破产法思维

2018 年 5 月 24 日，国家金融与发展实验室 2018 年第 6 期"智库讲坛"在京召开，会议主题为"去杠杆的破产法思维"。会议围绕市场退出机制不健全、"僵尸"企业破产难等问题展开，从法律层面破解国有企业去杠杆难题，并着力强调破产法的重要性及积极作用，为我国法律制度的完善及经济问题的解决提供了新思路。与会专家指出，从目前来看中国的"破、立、降"中"降"是重中之重，可通过提高《破产法》的执行度、改善营商环境、推动违约债市场的建立、加大对债转股的运用力度、建立府院协调的机制、建立独立的破产法院、加快《破产法》的修改等措施，更好地去杠杆，实现整个供给侧结构性改革的任务。

主要出席嘉宾

李　扬　中国社会科学院学部委员、国家金融与发展实验室理事长

李曙光　中国政法大学研究生院院长、中国政法大学破产法与企业重组研
究中心主任

魏加宁　国务院发展研究中心宏观经济研究部副部长

郑志斌　大成律师事务所高级合伙人

张晓晶　国家金融与发展实验室副主任、中国社会科学院经济研究所副所长

去杠杆的五方面问题

李扬

对金融领域而言，防范和化解金融风险是首要任务，中央要用三年时间打好防范和化解重大风险的攻坚战，重点是防控金融风险。习总书记指出，金融风险的源头就在于高杠杆，因此我们把防范化解重大风险的攻坚战聚焦在去杠杆上。去杠杆的问题涉及以下五方面。

第一，地方政府。这涉及中央和地方政府之间权责的划分、涉及中央和地方政府之间财政关系的调整，更深层次来说，涉及政府和企业的关系、政府和市场的关系，这实际上是体制性矛盾，希望在未来三年里我们能够理出头绪。

第二，非金融企业。过去这些年我们一直在强调企业的杠杆率实际在下降，只是结构还存在不平衡，其中，国企的杠杆率还在上升，民企的杠杆率下降得非常快。民企杠杆率下降的形式非常简单，就是破产了，资产负债表就消失了。类似情况在 2018 年上半年也相当突出，是一个有待解决的问题。企业去杠杆的关键在于国企，国企去杠杆的关键在于处理"僵尸"企业。所以 2017 年底的中央经济工作会议把供给侧结构性改革进一步地压缩，重点在"破""立""降"上下功夫。所谓"破"就是破除无效供给，而无效供应的载体就是"僵尸"企业。所谓无效的供给，就是没有社会需求，却因为各种各样的原因还在维持运转，还有大量资金投入，这些资金都是提高杠杆率的因素，而且会形成不良资产。所以中央的概括非常清楚，指明这是"僵尸"企业的问题。

第三，宏观环境。宏观层面上要收紧银根。去杠杆的千招万招，管不住货币供应这个闸口都是无用之招。因此，要从宏观上全方位来看待去杠杆，创造一个有利于去杠杆的宏观环境。

第四，要解决近年来以理财、资产管理等各种各样业务形式存在的嵌套问题、平台问题。所有的嵌套、平台、资产重组，用的都是杠杆操作。所以在这个形势下，形成"大国资"的管理办法，也是一个有效去杠杆的行政手段。

第五，要处理不良资产。杠杆本身是现代经济运行的一个特点，比起小农经济、自然经济，用杠杆操作肯定先进得多，所以我们的目标不是去除杠杆，而是要让杠杆有可持续性。可持续性既有微观标准也有宏观标准，这才是现代经济的进步。

公司金融理论告诉我们，积极进取的、有成就的企业往往设法提高杠杆率。因此把基本的理论和现在要解决的问题结合起来看是大家真正要做的，这能让我们对这件事有正确的认识。我们的货币当局最新的表述是"稳定宏观杠杆率"，用的是"稳定"，而不是"去杠杆"，可见大家对这件事情的看法逐渐趋于理性。在我们看来，杠杆的最大问题在于形成不良资产的部分，这部分所对应的负债是"死负债"——是永远还不了的，所以这才是真正要处理的事情，今天的题目也是针对这部分内容。尽管杠杆率很高，如果没有形成不良资产，高杠杆率其实也没有坏处，购销两旺、借贷两旺，源源不断的产品生产出来，还本付息，再继续借贷两旺。但如果负债形成了不良资产，上述的良性循环就无法维持，就会产生问题。

问题延续到今天，显然要"动一动手术"来处理其中不良的部分、处理其中"僵尸"企业部分，于是就涉及破产问题，而《中华人民共和国企业破产法》（以下简称《破产法》）是正在修订中的法律。每次讨论改革，特别是讨论国企改革，都会提到要进一步完善落实《破产法》，说明现在《破产法》的实施还不尽如人意，所以还需要深入探讨。处理好不良资产是去杠杆的核心部分，今天的讨论就是在《破产法》的架构下，依循法律的、市场的原则来解决不良资产问题。

去杠杆的破产法思维

李曙光

一、去杠杆的性质

中央经济工作会议、十九大报告提到的"破、立、降"在某种程度上都采用了"降"字，如降成本、降杠杆，所以更具政策性含义。所谓"杠杆"是从金融角度定义的，从法律角度看金融杠杆实际上就是负债。承担负债的是市场主体，市场主体类型很多，可能是企业、个人，也可能是事业单位，还可能是政府。

当市场主体过度运用债务工具，就会形成债务超过，或资不抵债，其实就是对信用的一种过度透支。滥用信用就会造成债务风险，并最终导致债务危机。因此，我们认为去杠杆的实质是两方面，一是国家通过法律和政策来改善金融环境的过程，二是市场主体（主要指企业或公司）通过各种法律和金融工具改善自身债务结构的过程。

从法律角度出发的去杠杆，与中央政府的去杠杆既有联系，又有区别。在国家宏观层面上，中央政府之所以大力推动就是想降低杠杆；在微观层面上，不仅有企业杠杆，还有个人杠杆。国家资产负债表研究中心计算的杠杆率是债务余额与 GDP 之比，这和《破产法》的杠杆率计算方法是不一样的。《破产法》是从企业和个人的微观角度，指的是债务余额与总资产之比，所以对杠杆有不同的理解。总而言之，现在去杠杆有两个角度，一是从宏观角度，国家希望宏观角度的政策能够具体落实到微观领域，所以去杠杆具有国家意志；二是从微观角度，去杠杆也与企业或者债务人的行为有关。站在法律角度理解去杠杆的性质，《破产法》的实施与去杠杆密切相关。

二、《破产法》的重要性

《破产法》是很重要的去杠杆工具，因为具有两个比较重要的机制，即清算机制和重整机制。

清算机制根据强度的不同可以分为三种。第一种是普通清算，这类清算可能不涉及资产负债。第二种是《公司法》意义上的强制清算，这类清算一般都有其原因，所以现在全国法院建立了专门的破产庭或清算与破产庭。第三种就是破产清算，从经济学意义上，就是市场出清的机制，要把市场的信用垃圾扫出去，重新决定市场资源的配置。如果没有出清机制，那些无效的、低效的资源，会对整个市场交易以及市场信用产生比较大的影响。所以我们认为市场出清就是信用垃圾出清的过程，这个机制是靠市场的清算机制实现的。

破产的第二个机制是重整机制。重整机制实际上是企业挽救机制，主要针对处于困境（特别是财务困境）当中的企业。某种意义上这也是一个倒逼的压力机制，诺贝尔经济学奖获得者哈特在研究中指出，这样一个压力机制某种程度上对经营者盗取企业资金的行为有一种威胁、威慑力。如果是正常企业，可以通过重整等正常的程序实现自我挽救。

因此，《破产法》实际上是通过这两个机制，从微观的层面来实现去杠杆的功能。

《破产法》是改革的重要机制，我国《破产法》有清算、和解与重整三个程序，其中和解在国外基本与重整的基本程序相近，也是挽救机制，更多是在债权人、债务人之间达成自愿协议。以上是《破产法》在去杠杆中的概念。

再看"僵尸"企业处置与破产法机制。在改革中，"三去一降一补"的核心实际上是"去产能"，与今天的"降杠杆"是一体的。所以，中央经济工作会议提出要"破、立、降"，要把降杠杆放在治理"僵尸"企业以及供给侧结构性改革的核心地位。处置"僵尸"企业的核心就是让《破产法》有效地实施，让清算机制、重整机制能够充分地发挥功效。所以，目前"僵尸"企业的处理成了各地的头等大事，很多地方都在整理各自的名单，而且正在处理过程当中。

我们关注的是《破产法》在结构性改革过程中，特别是在去杠杆过程中的实施情况。《破产法》如果有效实施，一定会有利于不良资产的处置以及"僵尸"企业的处理。从法律角度，"僵尸"企业的概念不够准确，"僵尸"企业和危困企业是有区别的，"僵尸"企业是应该完全被淘汰、清算的企业。"多兼并收购、少破产清算"的概念也不够准确，破产清算、重整和重组分别有不同的适用情况，应当有所区别。所以，处置"僵尸"企业、去杠杆要综合运用法律工具、经济工具和金融工具来进行。

再简单介绍下《破产法》的实施及其重要性。这是新中国成立以来第一部市场经济的破产法，从 2007 年开始实施，至今已有 11 年。供给侧结构性改革政策颁布后，《破产法》的实施进程明显加快。《破产法》颁布后，中国各级法院受理的破产案件越来越少，这其中有文化的原因，即中国人"谈破色变"，觉得"破产"一词不吉利，也有债权人、债务人、管理人、法院、政府部门等各方的原因。因此，在中国实施《破产法》有很多障碍，市场机制在法律实施过程中发挥的作用不够充分。但是在本轮改革中，《破产法》受自上而下的供给侧结构性改革政策的推动，所以破产案件的数量有所回升。

2005~2017 年全国各级法院受理的破产案件数据显示，最低点是 2013 年，仅有 1998 件，最高点是 2017 年，共 9542 件。2016年中国每天约有 3700 家企业退出市场，2017 年约有 360 万家企业退出市场，可是经过《破产法》程序受理的不到1万件，所以案件数严重偏少。按照正常情况，中国通过破产清算和重整程序进行市场退出的企业数量占比应该达到10%，即36万多件。因此，现在法院破产案件受理率是非常低的，这也反映出《破产法》还没有真正发挥功效。

美国《破产法》第7章的内容是破产清算，第11章是破产重整，第12章是家庭农场主的重整，第13章是个人债务重整。以此四章破产案件数据为例，2010年美国个人破产案件达到40余万件，破产重整案件约是1.3万件，破产清算案件约113万件，农场主重整案件是723件，共计150余万件。到2016年，破产案件数已降至79万余件，其中破产清算案件数为49万件，破产重整案件降到7000多件，家庭农场主重整案件为400件左右，个人重整接近30万件。

可以看出，美国在市场经济法制很健全、很成熟的状态下，其破产数远远高于我国的破产数。虽然美国有个人破产，而且量非常大，但是公司清算的数量也比较大，公司清算里有很多是因为个人破产，所以个人破产与公司清算也有关联。

欧洲则是越发达的国家破产数越多，在不发达的国家，《破产法》很少适用。2016年，希腊仅1000多家企业破产，比中国还少，而英国是17900多家企业破产，法国破产案件数量超过5万件，德国破产案件数量超过2万件。经济较差的国家破产数都不多，比如希腊、葡萄牙、西班牙，特别是冰岛。在欧洲，基本上市场经济比较发达的国家每年破产案件都是数万件，而且其人口和企业数与中国都不是一个量级。由此可知，中国《破产法》的应用是比较少的。

日本企业重整主要有民事再生和公司更生两类，民事再生指中小企业的重整，公司更生指大型企业的重整。民事再生的案件比较多，公司更生的案件很少，所以中小企业的重整法应用得较多，大公司的重整法应用得较少，而且越来越多的大公司愿意用中小企业的民事再生法进行重整。总的来说，2007~2016 年日本的破产数总计达到 38 万余家，而中国在供给侧结构性改革和处置"僵尸"企业掀起热潮的情况下，2017 年的破产案件才不到 1 万件。日本《破产法》实施了很多年，某种程度上也反映了市场在资源配置中的决定性作用。

世界银行对世界营商环境进行了排名，这个排名对于很多发展中国家的政府制定政策有很大影响。2013 年，中国在世界营商环境的排名是第 96 位，2017 年排到了第 78 位，排名有大幅度上升。全世界共 200 多个国家，中国这几年不断改善，排名不断上升，我们也不断地请世界银行的专家指导中国改善各项指标。实际上，中国的营商环境排名和中国作为世界第二大经济体的地位严重不相符，在经济发展如此快速的情况下，排名还是有点差。这个排名中有一项与去杠杆相关，就是破产的排名以及对《破产法》的执行度。企业破产的难度、时间、成本，对于债权人的保护以及法院对于《破产法》的执行度，都是排名很重要的依据。中国营商环境差和破产指标是相关的，但是我国破产处理排名高于营商环境测评排名，2017 年破产处理排名为第 56 位。中国有些排名是特别低的，如合同执行、投资人与中小股东利益的保护等。

欧洲和美国都把《破产法》的执行情况作为衡量市场经济水平的一个重要标志。一直到现在，美国和欧盟还不承认中国为市场经济国家，其中一个很重要的原因就是中国的《破产法》还不够完善。这次国家工商总局改成国家市场监管总局的改革也反映了监管理念的变化，这不仅仅是国家机构的简单改革，实际上很大程度上受到营商环境评价的影响。

现在政府提倡要放、管、服，那么成立一家企业要多长时间？注销一家企业要多长时间？目前企业的注销程序特别复杂，一个企业注销的成本比建立这个企业还高。所以中国在工商监管、市场监管等很多方面达不到世界前列，这与我国世界第二大经济体、经济发展如此强劲的现状都严重不符。

《破产法》有一系列很特殊的制度。第一，法院的权威性、独立性、专业性。我们注意到，像《破产法》这样的法律如果实施起来，其中很关键的因素是法院。如果是地方性的法院，可能要保护地方债务人的利益。地方杠杆很高，就应该进入清算程序、重整程序，但事实上，大量的地方破产案件涉及地方债务人和地方政府利益，法院会受到各方面的影响，因此很多地方案件法院不受理。另外，很多法官根本不知道《破产法》为何物，《破产法》是非常综合和专业的学科，涉及几乎所有市场经济法律，包括《物权法》《合同法》《担保法》《银行法》《票据法》《公司法》《证券法》等，还涉及上市公司的破产等。

第二，实施《破产法》要有权威性，因此，从 2016 年开始，最高人民法院要求各省会城市和副省级城市的中级人民法院必须建立专门的破产庭。目前我国已经建立了 97 家专门的清算与破产庭，并且最高人民法院继续推动，要求全部中级人民法院必须设立专门的破产庭。这是积极的进步，但是我们之前提到的法院的权威性和独立性问题还没有完全解决。

三、《破产法》的强制性

首先是法院的职权。法院在破产案件处理中的权力很大，有程序性权力，也有实体性权力。程序性权力是指法院在启动并推动破产程序进行的过程中所拥有的权力，主要包括案件受理权、管理人指定权、第一次债权人会议召集权、对财产变价与分配方案以及重整计划的批准权、破产宣告权、重整程序终结权以及对重整计划的监督权等。另外，法院的实体性权力很大。实体性权力是指法院对当事人在破产中的权利和义务的裁判权，主要包括围绕破产财产的撤销、取回、抵销权，对破产欺诈的裁判权。《破产法》还赋予法院一定的惩戒权。所以法院的关键性作用也是《破产法》的特殊性所在，破产处置中法院的权力在一定程度上转为商业判断。再讲一下"自动中止程序"。自动中止实际上是《破产法》的一个特别的、比较重要的程序。中国法律规定一旦法院受理了破产案件，就马上产生法律效力，即一旦债权人、债务人申请了破产案件，马上就启动中止程序。正在执行的中止程序，如果没有按照法院的裁决执行，那么就会中止正在进行的执行程序和仲裁程序。因此，很多商事仲裁的中止必须听从法院的安排。

"自动中止程序"是美国破产法典中最强有力的规定之一。美国破产法院的"第一个法官的裁定"，就是一个中止裁定。这主要涉及两个概念，一是给债务人一个"喘息的空间"（breathing room），让债务人能好好思考并找出一条重整或清算的途径；二是有助于阻止债权人"涌向法院"（race to the courthouse），"哄抢"债务人所剩的财产。中国将自动中止改成"三中止"，即《破产法》的第 19 条、第 20 条、第 21 条。中止和一般的去杠杆工具不一样，是带有法律强制意义的，一旦进入法院，一切程序都等待破产法院的决定。

其次是管理人的挑拣履行权。债务人申请破产，法院受理破产案件以后，法院会指定一个管理人。《破产法》第 18 条规定，管理人有挑拣履行权。就像一个篮子里有好苹果、坏苹果，管理人可以把坏苹果扔掉，把好苹果留下来，《破产法》赋予管理人极大的权利。

对于破产欺诈交易，哪些行为是有效的、哪些是无效的、哪些是追索的，《破产法》31条、32条、33条做了严格规定。2017年3月通过的《民法总则》也有类似规定，包括原来《合同法》里也有类似规定。把破产企业的财产低价送给别人、无偿送给别人，签订一个小的担保协议，只要损害了债务人资金池里的财产，最终损害的都是债权人财产，这不是去杠杆，而是加杠杆。某种程度上在《破产法》里面是欺诈交易，这个是《破产法》里面几个特有的制度。

四、重整程序对于去杠杆的作用

我们所谓的清算可能更多是市场出清，是一个企业在法律人格上的彻底终止，在法律实体地位上的终止，而去杠杆无论从国家层面还是微观层面，都不是清扫这家企业。宏观上，清扫企业对市场出清是有意义的，但是微观层面，对企业个体、个人和家庭负债而言，这种简单的清扫没有价值，应当探讨如何挽救处于危困处境中的企业或者债务主体，这也是今天探讨去杠杆的重要意义。如果应用《破产法》，更重要的是"破产重整"这一章，即如何让一个不健康的、债务超过的、杠杆率很高的、滥用杠杆信用的企业恢复正常。

首先是重整企业的识别与审查。美国《破产法》在1978年有过一次很大的改革，增加了"破产重整"章节。中国的《破产法》在 2006 年制定时，也学习了美国《破产法》，将"破产重整"作为第 8 章。破产重整中很重要的一个问题是何种企业可以重整，根据《破产法》第 2 条，所有达到破产门槛标准的企业，包括亏损严重、资不抵债同时明显缺乏清偿能力或者丧失清偿能力可能的企业，都可以提出清算或者重整。在实践中，《破产法》提出由法院的法官来判断企业是否有重整的价值。

《破产法》实行多年以来，确实有许多重整案件，但重整企业的识别、判断、审查仍存在问题。所以，2017 年年底我们在最高人民法院召开了"全国法院破产审查工作会"，2018 年 3 月份也出台了《全国法院破产审判工作会议纪要》（以下简称《纪要》），《纪要》特别强调，要对一个企业是否有重整价值进行识别。这个识别不仅要看资产负债情况，还要看重整方案、重整计划，要从企业的整个生产情况、销售情况、技术工艺情况、产业结构情况去衡量。《纪要》有一种指南功能，为各级法院在受理重整案件的时候提供识别与审查企业的指南。一旦法院受理重整案件，很多法律效力就产生了。无论对于债务人、债权人，还是利益相关人，比如供销合作方、员工，甚至包括社区、社会、市场，都会产生很大影响。

其次是营运价值的标准。我们通常判断一个企业是否值得拯救，主要看其营运价值。营运价值是美国《破产法》提出的概念，实际上中国没有这个概念，但是在经营方案要求中有类似内容。营运价值指一个企业恢复营运能力的可能性和可操作性，这是适用《破产法》重整非常关键的内容，就是要能够真正地把杠杆率降下来。关于如何判断营运价值的标准，学界有很多的研究，但是学术上的标准和实践中的标准并不完全一样，还要考虑到地方的政治稳定问题、敏感债权的安排问题等。但是不管怎样，从市场角度和法律角度看，营运价值的判断都是一个债务人是否能够进入重整程序最关键的标准。

最后是《纪要》中听证制度的建立。原来我国的法律中并没有听证制度，而美国的重整程序中大量采用听证，各种债权人、债务人可以参与听证。由于重整的行业涉及各个产业，有很多法官不了解的内容，特别是申请重整的案件涉及很多专业性的、市场的和商业的判断，所以《纪要》中提出要建立听证制。这也是第一次在法院的审理中建立听证制，不是平常所谓的政府听证，而是法院的专家听证，这就涉及法律中具体的细节。

可以看到，中国从 1999 年到 2016 年，上市公司退市总计 74 家，到目前为止上升至超过 80 家。从 2007 年 8 月到 2016 年 2 月，共 49 家上市公司进入重整程序，到目前为止已上升至 53 家。

2018 年进行重整的企业将会非常多，特别是资本市场变化会比较大，因为有很多"ST 企业"。对比美国，中国的重整数据非常少。美国 2017 年有超过 7000 家重整企业，我国十年才有数十家重整企业。所以我国去杠杆的工具还是使用得比较少，特别是重整的内容。

根据 2013 年美国上市公司退市重整数据，破产行业涉及汽车、飞机、银行及金融、计算机及软件、教育、电子、娱乐、食品饮料和烟草、健康保健及医疗、酒店及游戏、保险、制造业等，分布很广，说明重整程序适用面很广。但是我们仔细分析，重整的多少也反映了一个行业的周期，还需要对行业的数据做一些细致的分析。

实际上，重整对去杠杆有很重要的作用。健康企业的治理模式和困境企业进入重整之后的治理模式应是不一样的，健康企业有股东会、董事会、独立董事以及公司的运作理念，但是进入破产程序意味着司法框架下的公司治理开始，也意味着企业控制权的转移。经常有人比较《公司法》和《破产法》，企业破产以后就要按照《破产法》执行，意味着破产程序启动和自动中止的开始，破产企业的控制权由原来的股东转移到债权人与管理人。进入破产程序之后，法院的权力很大，管理人的权力很大，很多原来股东大会和董事会的权力被管理人接管了，包括公司的账册、所有债权人名册、债务人名册、公章、资产等。相比健康企业，这是破产企业公司治理模式非常大的变化。

五、破产重整中的两种公司治理模式

《破产法》规定的破产重整有两种治理模式，第一种是"债务人自行管理模式"，美国称为"DIP 模式"。债务人自行管理是指企业进入重整程序，法院批准后，由企业原董事会及经营管理层负责企业的重整事宜，企业原股东会、董事会还享有决策经营权，但是该权利要受到一定的限制。目前我国《破产法》没有特别规定限制的种类和程序。在这种模式下，原经营管理层重整权要受到两方面的监督，一是债权人会议与债权人委员会的监督，二是管理人的监督。我国《破产法》规定，在自行管理的情况下，由管理人对财产和营业事务的债务人进行监督。企业处于危机，不一定是因为董事、监事和高级管理人员都在做欺诈交易、内幕交易，而是市场、行业、经济周期、政策出现问题，这种情况下原来的董事会可以自行管理。这时原来的股东会和董事会的权力不是全部保留，而是受到很大约束、限制。这一点在美国《破产法》里有很详细的规定，但在中国《破产法》中还不是很详细。我们也有一些限制，例如债务人的出资人不得请求投资收益分配，也不能进行分红，因为企业已经进入重整程序了。重整期间作为债务人的董事、监事和高级管理人员也不能向第三人转移股份，经法院同意的除外，这是《破产法》的特殊规定。

第二种是"管理人重整模式"。所谓管理人，是指破产程序启动后，接管破产财产、处理破产事务的专业机构和人员。管理人在破产程序中具有特殊的地位。新的《破产法》给了管理人很大的权力，在原来的债务人、董事会、股东大会出现问题的情况下，由管理人接管。管理人扮演着很特殊的角色，管理人可以是清算组、律师事务所、会计师事务所，也可以是律师事务所和会计师事务所的个人。现在美国法院有一个管理人名册，通过抓阄、摇号选择管理人，重点案件则通过公开竞标的方式。我国正在改善法院选择管理人的模式，现在管理人的选择范围也在扩大，包括一些外资的会计师事务所、律师事务所，一些投行、资产管理公司也开始进入管理人领域。目前一个很大的问题是，担任管理人的企业不多，更多是中介机构。但是企业债务结构的调整，很大程度上要懂得企业经营的专业人士来做。重整中有三种管理人，一是在债务人自行管理的 DIP 模式下，管理人对于 DIP 模式而言是一个监督人；二是管理人自行接管处于困境中的企业；三是重整计划通过之后，企业有一个执行重整方案，这时管理人也是监督人。

总体上，因为涉及权利和债务重组，所以这两种公司治理模式的运作对于下一步的企业去杠杆，特别是困境企业、"僵尸"企业去杠杆的影响是完全不一样的。

六、企业重整中的债权交易

去杠杆和债务重组的过程至少涉及五个市场，因此存在如何运用不同市场的问题。

第一，优先债权市场。现在《破产法》中规定了很多优先权，大家普遍知道的是担保债权绝对优先，其实职工债权、国家和地方的税收债权也享有优先权，《破产法》至少规定了这三种优先权。除此之外，还有破产费用和共益债务，也即为了破产制度功能的实现而支付的成本，比如在破产清算过程或者重整过程中，企业到法院破产要交破产费、案件审理费，企业自身需要运作成本等。

目前多部法律规定了与《破产法》不同的优先权。比如《合同法》规定了建筑工程承包的优先权问题，《税收征收管理法》第45条规定，税收决定享有绝对优先权，比担保债权还优先，这与全世界的《破产法》都有冲突，这些优先权之间的关系应该如何处理？2018年"两会"期间最高人民法院公布的《纪要》提出，人身损害享有赔偿优先权。比如之前的"三鹿破产案"，大量婴儿吃三鹿奶粉出现问题，在当时这些家长和小孩不能优先受偿。目前有很多优先权在实践中是能够进行交易和打折出售的，比如企业在没有其他财产的情况下会让渡一部分担保债权。为了继续进行该企业的破产程序，可以进行担保债权转让，特别是我国《破产法》中规定了保证债权，所以有优先权的交易市场。

第二，普通债权市场。破产案件的处理需要时间，也许是1年、2年、3年甚至是10年，譬如"海南发展银行破产案"从1998年开始至今仍未处理完，过长的处理时间债权人等不起。普通债权的转让很多，主要的模式是债务平移。为了救A公司，将A公司的债务转移到B公司，但杠杆还在，只是在不影响B公司声誉和运营的前提下，让杠杆平移到B公司，以便更好地处理。典型的案例有"2015年温州中城建设集团破产案"，将超过70亿元的债务平移给子公司。2017年影响比较大的云南煤化工集团及其下属4家子公司的破产重整案，是最高院在"两会"上专门介绍的典型案例。还有一些涉及债务平移的案件利息太高，像重庆钢铁一年的利息可达10亿元，在还利息都很困难的情况下，还本金就更难了。所以有很多去杠杆的操作不是降到本金上，而是在其他方面。虽然债务平移是为了保证重整程序的进行，但也会产生许多法律后果，还需要在法律上好好研究，比如要对权利、义务、责任等进行重新分配。

第三，小额债权市场。如果小额债权得到全额清偿，一些普通债权人和优先债权人的利益会受到影响，所以他们愿意出售自己的债权，通过拆卖部分债权，普通债权人或者优先债权人就变成小额债权人了。比如 50 万元的小额债权可以获得全额清偿，那么把 500 万元的债权拆成 10 个 50 万元卖掉，就能得到全额清偿。这是不被允许的，但是在实践中出现了很多收购小额债权的现象。

第四，债转股市场。这是此轮处理不良资产的主要政策工具，现在债转股市场规模也非常大了。

第五，违约债市场。2018 年的数据显示，违约债中影响最大、最引起市场注意的是东北特钢连续 10 次债务违约，金额超过 70 亿元。原来债券市场比较平静，而近四五年突然爆发大量违约问题。主要原因在于刚性兑付，即所有的债权都能够兑付。在欧美市场（特别是英美市场）这些违约债是可以流动、交易的。违约债是很大的市场，债券违约数现在已达 900 多亿元。所以对银行间债券市场的影响非常大，现在大家都不敢发行债券了，因为存在债券违约的风险，这是比较大的问题，可见债券交易是一个很重要的去杠杆工具。

七、预重整制度

在实践中，预重整制度在美国产生的影响很大，中国慢慢也有了这个概念。预重整就是在进入法院之前，债权人和债务人把所有的重组方案都谈好，然后在法庭上走一个形式，这种快速的处置方式可以节约成本。因为重整一旦进入法院程序将有很多时间要求、时限要求，另外，由于很多法律限制和门槛条件，谈判的空间不是很大，所以在美国逐渐发展成为预重整制度，并且开始进入美国的《破产法》中，成为正式的制度。现在在很多重大的破产重整案件中，法院会事先让债权人、债务人进行谈判，一旦达成初步通过的方案之后，法庭之上不管债权人同意与否方案都对其有约束力，所以预重整将成为正式重整。现在中国的破产重整案件之所以受理比较困难，是因为法院会提出诸多疑问，比如方案是怎样的、如何将企业救活等，所以预重整现在也成为在中国最受欢迎的模式。法院希望债权人和债务人能够先达成协议，制定出方案。如果事先没有方案，法院不一定会受理，所以预重整有可能成为中国受理破产案件的前置程序。

预重整在某种程度上是庭外重整，已经有多个破产案件运用了预重整制度，比如 2017 年被评为"全国十大破产典型案例"之一的深圳市福昌电子公司破产重整案。银保监会目前在推动"债权人委员会"的模式，某种程度上就是在推动预重整程序，只是说法不太一样，例如美国叫作"预重整"，英国则称之为"自愿安排"。目前中国正在推动债委会的处置方式，重大案件如渤海钢铁有 2000 多亿元的债务，很难召集所有的债权人开会。山东一个破产案涉及 6000 多个债权人，甚至还有更多债权人的破产案，因此需要债委会来代表这些债权人，否则无法开会。债委会设有主席团，负责和债务人进行协调。这两年正在推动的债转股就是通过债委会机制来进行的。

现在去杠杆很重要的方式之一就是重整，重整中的主要趋势是运用债转股的手段。债转股涉及诸多法律问题，包括债权能否进行出资、企业变更出租、债权转股权的价格、债转股企业的限制等，有安全生产、环境污染等问题的企业是不能够进行债转股的，"僵尸"企业也不能进行债转股，债转股面向的是有一定可拯救度的企业。

债转股的资产价格有估值和对价的问题，即资产以什么价格进行转让。现在债转股可能更多是转为优先股，少数转为特殊管理股，但是优先股在《公司法》里没有依据，这涉及《公司法》的修改问题。

八、法院的强制裁决问题

无论是通过债转股还是债务重组，所有的重整方案最后都要经过法院的批准。实践中有很多案例是重整方案被重组方的债权人反对，但是被法院批准，这是运用了《破产法》第86条、87条的规定，也是学习了美国《破产法》的强制裁决。美国法院运用强裁时很小心谨慎，而且涉及商业判断。强裁在美国的《破产法》中要求至少一个债权人类别组通过，但是在中国使用得很频繁，因为中国的地方法院和地方政府联结在一起，法院没有商业判断、没有对于营运价值的判断。最近最高人民法院专门召开了"全国法院破产审判工作会议"，并在《纪要》中提出，重整方案至少要有一个类别组通过，同时要有营运价值的判断。对于那些不通过方案的债权人类别组要有保证措施，并且限制使用强裁，这是去杠杆的重要手段，重整方案对债权人的影响是比较大的。

《破产法》的一些手段对企业去杠杆是很有意义的。从目前来看，中国的"破、立、降"政策的重要性尤为突显，其中去杠杆是重中之重。对于接下来如何利用《破产法》更好地去杠杆，进而实现整个供给侧结构性改革的任务，最后提出几条建议。

第一，提高《破产法》的执行度。《破产法》的重要性不言而喻，虽然现在相比 2013 年破产案件数已经有了 5 倍的增长，但如果从市场在资源配置中起决定作用的概念看，我们与《破产法》成熟的差距还很大。所以一定要提高《破产法》的执行度，让《破产法》在实践中得到更多的运用和实施。

第二，改善营商环境。特别是要突破对于启动破产程序的时间限制、资金限制以及政府层面的一些难点。

第三，推动违约债市场的建立。现在债券市场的规模是 40 多万亿元，违约债的出现聚集了风险，不利于金融风险的释放。需要建立违约债市场，让违约债流动起来。

第四，加大对债转股的运用力度。对于债转股要提供一定的法律依据，特别是应尽快修订《公司法》。

第五，建立府院协调的机制。政府对于《破产法》的实施具有很大的促进功能，因此要让政府跟法院联动，进行"府院协调"。建议政府扮演更加积极的角色，协助解决执行难的问题，如在职工安置、维护社会稳定、税收豁免、支持债权人、恢复债务人的信用等方面提供支持。重新为企业更名是很难的，因此，政府对于企业的简易注销、快速注销等担负了很多功能。不管是国有企业还是民营企业破产都很难，难在政府支持力度不够。所以，可以加强政府在企业破产处置中的作为，建构一个府院协调、府院联动的机制。

第六，建立独立的破产法院。法院是实施《破产法》的重要主体，法院的权力很大。建议在最高法院巡回法庭系统下面设立具有独立系统的破产庭，而不是将其设立在各个省的中院或者高院，破产庭要单独作为国家级的法院。所以，我们一直主张法院保持中立，站在统一市场的角度保护债权人的利益。

第七，加快《破产法》的修订。宏观层面上《破产法》对于市场出清、降低杠杆率是有功效的，微观层面上对企业降低杠杆率也是有效的。但是我国只有企业破产，没有个人破产。所以，对于个人债务的滥用、个人家庭杠杆率比较高的问题，现在没有很好的法律工具去处理，希望加快有关个人破产法的起草和制定。

魏加宁

我想请教三个问题，再谈点感想。

第一个问题，国内破产案件是否有具体划分？其中有多少是国企、有多少是民企？

第二个问题，企业破产和金融机构破产有什么区别和联系？将来在法律上如何解决？因为这件事情跟存款保险有关系，我们推行存款保险制度的时候，在金融机构破产清算的问题上有很多争论。例如是否要另立新法，使其和企业破产法区分开？

第三个问题，政府如何更加积极地推进《破产法》的有效实施，是府院联动还是司法独立？我认为政府的参与会引起麻烦和冲突，所以应该还是要司法独立，我非常赞成设立巡回法庭。2017年中央政法委的一次会议上，我们就提出了冤假错案的重新审理问题，当时我们提出的建议就是发挥巡回法院的作用，加快《破产法》的实施进程。

另外，我想谈一些感想。第一，现在杠杆率高，主要是指企业杠杆率高，企业中又以国企为代表。实际上企业杠杆率在2008年就已经明显分化——民企杠杆率在下降、国企杠杆率在不断攀升。导致国企杠杆率攀升的主要因素是国有企业和国有银行的双层预算约束。由于借贷双方都是软预算约束，所以最后国企杠杆率高涨。因此，我认为杠杆率的问题不从根本上入手是解决不了的，如果只是暂时去杠杆，体制不改革，杠杆率的问题还会重现。过去不让民间资本办民营银行的理由是怕民间资本进行关联交易，可实际上最大的关联交易是在国有银行和国有企业之间。所以，我认为要切断这个链条就必须从改革的角度入手，实现国有企业彻底改制以及商业银行的去国有化。

第二，去杠杆过程中要警惕歧视性政策。我们的宏观调控政策、金融政策和监管政策，有时是带有歧视性的。比如去产能，美国大萧条时期去产能是资本家倒自己的"牛奶"，中国去产能主要是倒民营企业的"牛奶"，所以产能去得很快。而日本在去产能的过程中，存留的企业必须要给退出的企业一笔补偿金，因为一旦有企业退出，去产能之后价格会上升，存留企业一定是受益者。所以我们认为日本的做法比较科学。

通过半年多对产业政策和竞争政策的研究，我们发现公平的意识很重要，国有企业和民营企业间要讲究公平，所以去产能要公平。国有企业和民营企业要得到一致性对待。

第三，政策在运用过程中也要注意公平问题。回顾过去中国宏观经济的历史会发现一个很有意思的现象，中国存在两支"部队"，一个是低效率的国有企业，另一个是高效率的民营企业。每当经济复苏的时候往往都是民营捷足先登，进入有利润的领域，然后国有企业再跟进。而当经济过热的时候，有关部门往往将其定义为局部过热、部分行业过热，最后就有保有压——保国有企业、压民营企业。结果到经济衰退的时候，民营企业要么破产、要么重组、要么"跑路"。而国有企业变成"僵尸"企业，等经济低谷的时候政府出来买单，要么债转股，要么财政补贴，或者是剥离不良资产，几乎都是由金融机构买单。

《破产法》既解决不了国有企业的退出问题，又解决不了民营企业"跑路"的问题。这一方面体现在国有企业的杠杆率越来越高、道德风险越来越大，国企投资不受约束，因为政府会为其损失买单；另一方面体现在经济冷的时候保国企、经济热的时候压民企，我把这种宏观调控称之为歧视性的结构性宏观调控，这种调控带来了一系列问题。

民营企业现在的效率非常高，其贡献是"5、6、7、8、9"：税收的贡献超过50%，占国内生产总值超过60%，固定资产投资占比超过60%，对外投资占比超过60%，高新技术企业占比超过70%，城镇就业贡献超过80%，新增就业贡献超过90%。但是民营企业得到的融资比例不到20%，所以我经常讲民营企业吃的是草、挤出的是牛奶。

　　除了金融资源配置政策的不公平，还有监管政策的不公平。遇到监管风暴，出问题的以民营企业为主，但实际上国有金融机构问题更大，它们在政府的担保之下好像可以若无其事，其实隐性的损失很大。从宏观经济的现状来看，现在的问题是投资不足，存在"外资不想投、国企不能投、民企不敢投"的现象。投资萎靡致使消费不振，再加上贸易摩擦，宏观经济状况堪忧。

　　第四，政府的职责到底是什么？我的观点是，政府的职责不是保企业，而是保工人，重要的是把社会保障做好。所以根本上还是要靠改革，国有企业改革要有力度，包括金融改革必须配合，这两者不配合的话也解决不了杠杆率的问题。

　　凡是经济遇到困难、遇到危机时，都是先有思想的解放，通过思想解放带动改革开放，通过改革开放带动经济增长，这是过去40年经济发展的基本规律。改革还需要继续推进，如果改革取得成果，就能够给经济带来新的增长。

郑志斌

"去杠杆"目前是国家大的政策方面非常重要的一个，涉及方方面面，包括各种法律。去杠杆和《破产法》结合在一起非常新颖，我也非常受启发，以下是十点体会。

第一，《破产法》有止血的功能。企业出现问题之后，特别是民营企业，尽管"鲜血淋淋"，但是仍然不放弃，还幻想突然有一笔资金助力彻底解套，但这时往往任何治疗都没有意义。所以《破产法》在这方面相当于先把血止住，给未来其他动作创造一些前提和基本条件。

第二，输血功能。企业出现困境之后，民营企业没有正常的输血功能，没有更多的金融工具进入融资渠道。而《破产法》给予了司法保护，对外部资金进来的安全性、可靠性和收益都进行了积极正面的讨论。

第三，造血功能，这也是《破产法》的独特之处。进入破产程序后，一系列安排会对企业未来的经营有激励作用。企业遭遇困境时，如果能够获得一种司法保护，无异于是在同行业正常体系中获得一些特殊安排，通常来讲这可能是不正当竞争，因为这期间有很多利好、很多优惠政策来支持困境企业的再生，所以《破产法》的"造血"功能有很大的激励作用。

第四，控制传染性的功能。一些企业出现问题之后，传染性是逐渐扩大的，而且这个传染性会让问题传染到上下游的供应商和市场，传染到担保企业，还可能向金融机构继续蔓延风险。如治理"非典"一样，将病患收到特殊的医院暂时隔离，所以才需要《破产法》。

第五，效率很高。因为《破产法》给出了机制安排，比如在一定时间内必须完成规定的动作，采用少数服从多数的机制安排，这些都是为了提高效率。

第六，利益平衡功能。去杠杆涉及多方面的利益，而其他方面的法律针对的往往比较单一，很难实现利益的平衡。《破产法》建立了很多机制去实现平衡，包括大股东和小股东之间的平衡，债权人之间有担保和无担保的平衡，债务人和债权人之间的平衡，甚至包括地方政府利益的平衡问题。在国外，重整制度的几大功能之一就是利益平衡，无法实现以某一方的利益最大化为原则，所以我们《破产法》当中讲的是利益平衡原则。

第七，威慑的功能。从每年破产案件的数量看，2017年最高达到9000余件，但是实体经济中有各种各样的重组，庭外重组数量最多。庭外重组并非与法庭无关，世界银行有一个很好的表述，就是在破产法院之外的一些困境体系的重组，是一种在《破产法》阴影下的重组，即时刻提醒各方，达不成一致的话可能就要进入《破产法》，在这种威慑之下往往能达到平衡。

第八，机制的选择与转换的功能。《破产法》有三种制度，包括彻底退出的清算机制、重整机制和预重整制度，并且这三种制度还可以转换。比如清算机制，已经宣告破产的企业在客观条件发生变化时，可以再重新进行激活。

第九，《破产法》中还有一项关于责任风险分担的问题，具有中国特色。我在做中国二重集团重整案件的时候，最开始建议走司法通道，因为它已经完全具备了"外科手术"的特征，但是后来在与各方进行沟通的过程中发现，由于重整制度是放在《破产法》里，大家对于《破产法》传统上有恐惧情绪。如果像日本一样放在《民事再生法》或者《重整法》里，其作用可能比现在更加明显。我们也反复说这是重整不是破产，只是与重整制度的一个相适应的概念。要想转为法庭外重组，要跟债权人谈，跟职工谈，等等。不过当谈到差不多的时候，依然觉得这样的庭外重组需要进入司法，进入司法的话有少数服从多数的问题、其他安排的问题、责任风险的问题。

现实有时是残酷的，存在"屁股决定脑袋"的现象，比如债转股的判断问题、债转股的定价问题。中国二重集团退市时，其在新三板仍然具有一定价值，但市场价格可能会高于或者低于其价值。从作为债权人的银行的角度看，它依然会有责任风险的问题，若将来审计署发现当初决定的价格明显高于市场价格，那么就会暴露风险问题；若是通过司法渠道，委托评估机构进行测算，拿出公允的价值，问题似乎就容易解决了。现在许多案例最后都是庭外重组，但通过司法渠道其实能更好地处理许多现存的问题。

第十，《破产法》具有事后效应。熟知《破产法》和相关案例的人可能知道，当一个企业出现问题时应该采取什么样的措施以免最后滑入《破产法》的相关程序，通过《破产法》的制度可以获得很多新的警示或者启示。

我非常赞同一些经济学家所讲的"政府的手不要伸得太长"，但是在实践中非常难。如今中国区域之间发展确实不平衡，东北、西北、山东、江苏等地区如果政府不参与，很多企业就非常艰难。政府的参与有两方面原因，一是历史上形成的对政府的依赖，二是法院也对政府有非常高的依赖。除去国有企业不谈，若是规模较大、职工比较多、影响比较大的民营企业，如果没有政府的支持和背书，是不愿意参与到这样去杠杆的过程中的，所以各地情况确有不同。

从《破产法》的功能看，其未来将会发挥越来越大的作用，特别是在"僵尸"企业的处理、去杠杆、困境企业重组等方面。

张晓晶

第一，李曙光教授谈到《破产法》实际上
是市场出清机制中最重要的实现工具或制度安
排。市场经济表明市场在资源配置中发挥决定
性的作用，因此市场出清机制非常重要，机制
不健全难以发挥市场的作用，这是我的一个特
别深刻的体会。

第二，我认为《破产法》中"自动中止"的概念非常有趣，意思
是破产后债权人对债务的追索会自动中止。我们一般理解"破产"的
概念就是"打碎、打坏"，是一个破坏性的事情。实际上"自动中止"
包括很多其他的制度和法律上的安排，其实是保护债务人的。再比如
我们国内目前没有个人的《破产法》，如果有《破产法》对其人身安
全进行保护，很多无法偿还债务的人就不会跳楼、潜逃了。从这个意
义上，我今天加深了对《破产法》的理解，《破产法》在一定意义上
是用来保护债务人的，而非伤害债务人。

第三，"退出"这件事在中国非常困难，各种俱乐部、各种行业、
各种领域都强调进入、强调占领阵地，谁都不愿意退出。实际上我们

需要有退出，因为没有退出就没有新旧的循环，没有新旧的循环这个系统就会老死、就会退化。

首先，企业是很典型的"能进不能出"，企业退出的事件相对比较少，包括破产的案件也比较少见。

其次，我们的官员也很难退出，当然目前在反腐败的高压下，官员的退出多了一些，但是"能上不能下"的情况依旧普遍存在，诸如此类都是因为缺少退出机制。

再次，还有风险投资。风险投资的核心应该是退出，没有退出机制，大家都没有任何动力。美国硅谷的发展除了有乔布斯、马斯克等创新的企业家推动，还有一个较为完善的退出机制，所以我认为这是非常重要的。

最后，宏观调控。美国的宏观政策操作可以直接进入微观层面的企业，将其国有化，但是不会发生不能退出的现象，因为机制规定几年以后必须退出。我们也有类似的制度，比如通过宏观调控救市后，企业内国有份额占比上升，但是没有明确的退出时机，特别是在经济不好时，国有经济必须要冲锋陷阵，但是占领阵地以后，哪怕没有风险，大家也不会轻易退出。

这与中国整个企业制度都有非常明显的关联，所以今天讨论破产法、市场出清机制，就是在讲一个退出的机制。关于退出机制，今天的讨论会就是搭建学科间的一个桥梁，这也是我们论坛开放的一个方式，能够与法律界牵手，共同探讨去杠杆的问题。我们不能只研究纯经济，因为中国的问题一定不是纯经济问题，中国的问题要超越经济本身，从政治经济学、制度经济学的角度来分析，所以我们今天的讨论具有重要意义，这也是我今天提出所谓"退出经济学"的背景。

接下来我想稍微展开，一是现在国内"去杠杆""退出""创造性破坏"带来的一些东西应当如何应对？因为我们强调中国要成为一个创新型的国家，其中重要的概念就是"创造性破坏"，即破旧立新。有时候只"破旧"而没有"新的"生成，就会出现混乱；有时候是"新的"先出现，慢慢地"旧的"就会衰落。民营经济的发展其实就是这样，所谓边际改革、增量改革，就是让新生的力量成长起来，然后旧的部分逐渐转化或退出。

二是为什么破产与保护要配合？我们认为创新、创造性破坏一定要和包容性发展联系起来，五大发展理念中也将"创新""共享"并列，因为创新了就会有破坏，会导致失业，这两种机制都建立起来才能发挥作用。《破产法》的推进不是简单地修订一部法律，还包括法律完善的问题、法院独立性的问题、公众的认识问题等，涉及很多方面，还需要考虑后续的制度、包容性的措施能否跟得上。

以上是我所谓的"退出经济学"。第一，从哲学角度必须要有"退出"，否则这个系统没有未来，我们的国家就是一个系统，当然全球也是一个系统，没有退出机制这个系统无法承受；第二，要完成

"退出"必须要有人、有制度支撑，因为破产退出后员工的就业等方面都需要有所保障。只有二者配合，《破产法》和去杠杆政策的实施才可能得到一定的推进。

接下来有几个问题希望大家一起讨论。

第一，为什么破产清算之后杠杆率会下降？简单来说是因为企业破产后，债务变成零了。但是，一个企业的债务就是另一个企业的资产，一个企业的负债解除可能也是其他企业资产的消失。企业资产负债率的分子和分母分别对应负债和资产，分子减少了、分母也会减少，当然不一定是完全相等的。照此计算，资产负债率的下降幅度很小，但是如果分母是GDP，那么在当期来看杠杆率是下降的，因为GDP不会受当期资产减少的影响而减少，分子减少了而分母不变，杠杆率会下降。但是下一期GDP可能会受影响，因为企业没有资产就不能进行正常的经营，受到影响资产减少的那方，其生产方面和对GDP的贡献可能有所下降。因此，如果我们要讨论破产机制对去杠杆的作用，还需要更认真地分析。

第二，不同经济体的破产和其发展阶段有关，在不同的阶段每年破产案件的数量有所不同。中国每年受理不到一万件（2017年），欧洲等大多数国家是一万余件，还有其他国家是几千件，这也与寻租行为有关。哈佛大学非常著名的经济学家曾讨论过政府这只"手"到底是"掠夺之手"还是"支持之手"。其中有一个非常重要的讨论，就是社会资源的分配，比如人才有两种获取财富的方式，第一，生产性努力，靠自己创造财富；第二，分配性努力，不参与生产只进行分配。分配性的努力，就是寻租性的努力，我认为律师行业就属于分配性的努力。美国近年来出现的状况就是太多人进入了法律的行业，出现了太多的法律诉讼案件。美国研究认为，这些过多的诉讼案件、破产案件浪费了很多法律资源，是对整个社会资源的一种错误的、扭曲的配置。因此美国每年一百余万件破产案件其实是过多的，我认为按照现在的市场发展程度、市场成熟度，一年受理十几万件可能是正常水平。

去杠杆政策转向了吗？

2018 年 9 月 18 日，国家金融与发展实验室在京召开以"去杠杆政策转向了吗？"为题的中国去杠杆进程第二季度报告发布会。本次研讨会发布了去杠杆最新数据，探寻政策方向和宏观走势，并邀请来自世界银行、中国证监会、恒大研究院以及国家金融与发展实验室的专家学者，对去杠杆政策是否转向进行深入探讨和评论。与会专家认为，我国结构性去杠杆仍在稳步推进，但政策微调中还须注意避免回归旧有的保增长与加杠杆模式，应以效率改进获得去杠杆的持久动力，且稳增长须向促改革和防风险"妥协"。

主要出席嘉宾

李　扬　中国社会科学院学部委员、国家金融与发展实验室理事长

张晓晶　国家金融与发展实验室副主任、中国社会科学院经济研究所副所长

刘　磊　国家资产负债表研究中心高级研究员

马险峰　中国证监会中证金融研究院副院长

任泽平　恒大集团首席经济学家、恒大研究院院长

去杠杆的"艺术"

李扬

国家金融与发展实验室一直在进行国家资产负债表的编制工作，基于这张表衍生出很多研究方向，例如杠杆率、债务问题，甚至可以深入国企等。为了使研究更加系统化，我们设立了一个"国衡论坛"，意为"国家之均衡"，每季度至少讨论一次，并且会持续不断地讨论。

过去关于数字的问题众说纷纭，经过这段时间大家的讨论、交流、相互批评，关于数字方面的问题已经没有特别多的歧义，只是还存在一些重复计算的简单问题，对于数字问题的现状如何，大家也都达成了共识。现在的问题更深入了，从这次会议的标题可以看出是讨论去杠杆政策是否转向。需要深入研究的问题有很多，其中有两个问题可以展开。

第一个问题是杠杆对经济影响的判断，相较于"好杠杆""坏杠杆"的说法，我更想称之为杠杆的可持续性问题。2018年3月，我在中国发展高层论坛上讲到了债务的密集度问题，在经济增长期，实体经济和金融之间是有一个比例的。传统上我们可以大致观察出一个稳定的状况，即为了支持经济增长，每增长一个单位，大致需要多少货币和金融予以支撑，我们把这个比例叫作"经济增长的金融密集度"。目前来看，金融密集度在提高，如果确认这是一个事实，虽然是中性的，但是关于杠杆的状况、去杠杆政策的力度和方向可能就要有不同的判断。

"经济增长的金融密集度"这一说法在早期文献中就存在，《债务与魔鬼》作者阿代尔·特纳勋爵曾用过这个术语，他比较详细地分析了密集度的提高，并指出有三个原因。

第一，房地产在经济增长中的重要性在提高。特纳勋爵把房地产金融密集度、杠杆率等放在一起讨论，是有文章可作的。作为长期资产，房地产带来了一种长期且大规模的金融资产，大量的金融创新便是围绕它展开的，20世纪七八十年代抵押贷款证券化开始扩展到资产证券化，金融业因为房地产领域的长期资金需求迅速膨胀，这一现象很值得研究。

第二，关于收入分配不公的问题，特纳勋爵认为收入分配发生了倾斜。危机之后有很多说法，例如穷人和富人的收入比例分别为"10%和90%"甚至"1%和99%"，这些说法虽然很难得到非常严密的统计数据支持，但收入分配两极化是不争的事实。由此便产生一个问题，富人的消费倾向很低，但是大量资金以及储蓄掌握在他们手中。富人喜欢玩金融游戏，而金融机构又大多以他们为对象，为其理财，私人银行、财富管理等类似行业产生之后便会出现大规模的嵌套、通道，通过反反复复的交易，寻求一个最佳的均衡点，在这个过程中金融上层建筑也在迅速膨胀。

第三，从国际视野看，国与国之间的经常账户严重不平衡。美国出现越来越大的赤字，而其他国家像中国则保持长期盈余，需要持有美元定值的资产尤其是美国的政府资产来对冲。类似美国的主导型国家、国际储备货币的发行国，经常项目长期大量的逆差会产生国际问题。21 世纪初，国际货币基金组织、世界银行接连发布的多个研究报告均观察到一个现象，即广大新兴经济体的外汇储备处于异常高位，所谓"异常"即已经超出了正常为短期进口、短期外债做准备的范畴。这一现象确实值得注意，它给金融的膨胀尤其是债务的膨胀增加了一个国际因素。

上述问题交织在一起，演化成如今金融上层建筑膨胀的结果，但全球实体经济增速仍保持在 3.6%~3.7% 的水平。金融上层建筑膨胀程度严重，于是两者相除，自然得出经济增长的债务密集度或信贷密集度提高的结论，这意味着杠杆率提高了。杠杆是不可避免的，关键在于怎样的杠杆率是可以接受的、可持续的甚至是对我们有利的，这是第一个需要深入讨论的问题。

第二个需要深入讨论的问题是去杠杆过程中的艺术。我们首先假定去杠杆是对的，那么应该采用怎样的方式和节奏？一方面，去杠杆过程中势必需要多重政策同时发力，政策之间的协调配合等因素至关重要。另一方面，去杠杆本身有可能触发金融危机，这意味着，去杠杆是为了消除金融危机的隐患。杠杆率过高会出现问题，所以需要降低杠杆率，但是去杠杆的过程中有可能会触发金融危机，即去杠杆挑明了潜藏的危机，还有一种可能是杠杆本来是可持续的，上升过程中会触发危机。

目前讨论这一问题是基于中国 2018 年上半年的实践，当时实施了极其严厉的去杠杆"组合拳"。货币政策和金融监管政策同时发力，力度最大的时候是在上海陆家嘴论坛召开期间，几位监管当局的领导同时发声，但是之后也出现了一些问题。问题产生的原因主要在于协调不够，各个部门只从自己的角度制定去杠杆的政策，很少考虑到其他部门也有很强甚至更强的政策在推出、叠加、共振。

客观地说，政策还在调整，最明显的标志便是对于资管新规的调整。2017 年 11 月资管新规征求意见稿发布，引发社会热议。2018 年 7 月中国人民银行、银保监会、证监会在同一天接连推出对资管新规的新解释，虽然目前仍处于征求意见阶段，但根据市场上的观察，原本计划进行的很多事项基本已暂停，包括接续的问题、时间节奏的问题、对很多产品与行为的认定问题、定价问题等。当时中国有几十万人对这份文件翘首以盼，但是如果几十万人都认为当前经济存在问题，却只等着有关部门去纠正，则反映出部门之间缺少沟通，特别是政府和市场缺少沟通。目前看来沟通渠道通畅了一些，信贷的供给以及央行向市场上投放大量流动性，均表明政策有所调整，但是调整不意味着不去杠杆。目前可以达成共识的是去杠杆从根本上来说毋庸置疑是对的，是需要的，杠杆率过高对经济的长期影响是负面的。但是接下来要判断杠杆"去"到怎样的程度，去杠杆的阈值在哪里，而且这个阈值肯定是随着经济金融的发展不断变化的，还要解决如何掌握节奏、掌握艺术、掌握过程、掌握配合等一些问题。

以上便是今天会议的主要意义，这恐怕是个长期的过程，所以一个季度开一次讨论会，希望所有与会者每个季度都能参会，大家通过讨论建立良好的沟通。不沟通的话对经济会产生很大损害，尤其是中国目前的情况高度复杂，比如当下对于企业发展问题，我们提出很多改革措施，要考虑到做不到的话怎么办，因此一定要提出能做到的事情，平缓、平稳、有效地解决这些问题。

关于国企和民企发展问题，在西方国家有很成熟的应对经验，和我们并不处于同一范畴。比如救市，美国危机最严重的时候政府会出手买下出现经济危机的企业，在企业度过危机、市场恢复景气之后再卖掉国有部门，进行私有化。从国家管理自己资本的角度来讲这一行为是有效率的，政府救市的行为会给政府财政创造丰厚收入，简而言之即低价买、高价卖的思路。

到了新时代，债务等问题高度复杂，我们提倡要冷静地分析，有什么问题、如何解决、有几种方案，要权衡利弊得失，今天的会议便是这个目的。

【聚焦】

中国去杠杆季度报告（2018 年第二季度）

张晓晶

数字显示的总体杠杆率是越"去"越高的，这是一个不争的事实。2018 年第二季度末，实体经济杠杆率由 2017 年末的 242.1% 提升到 242.7%，上升了 0.6 个百分点，基本保持稳定，但是每年都在增长。杠杆率的增速在减缓，过去每年平均增长 12.3 个百分点，2018年估计会增长 1~2 个百分点，这是很大的进步。

一、结构性去杠杆继续推进

实体经济各个部门的变化是有增有减的，这便是结构性去杠杆。结构性去杠杆的意思非常明确，不要关注每个部门的杠杆率是否都下降，有升有降是正常的现象。这跟结构性减税是一样的，不要否定个税调整，这不是减税，而是结构性减税，要理解这个政策蕴含的艺术。2018 年上半年，非金融企业部门和政府部门的杠杆率都下降了，非金融企业部门由 157.0% 下降到 156.4%，政府部门由 36.2% 下降到 35.3%，二者共下降了 1.5 个百分点（见图 1），但需要强调政府部门的杠杆率是显性下降。

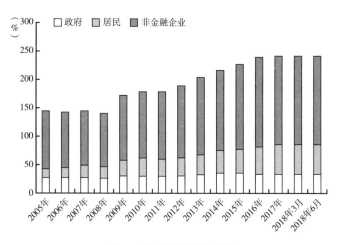

图 1　实体经济部门杠杆率

金融部门的杠杆率同样也下降了，回落至2014年的水平。其原因很好理解，因为金融企业和实体经济并无直接关联，所以去杠杆相对容易。只要领导态度坚定，各个银行、各个金融机构就会去落实，尽管过程很难受。但到了实体部门，由于存在"僵尸"企业等种种因素，去杠杆并非难受那么简单，而是很难有效果。

杠杆率增速的下降说明杠杆率得到了有效控制，过去一年涨12.3个百分点，现在一年涨2个百分点。接下来是否会出现负增长？我认为不一定。收益确实是递减的，而且递减得非常快，这是因为采取了一系列强制措施，也即政府强制去杠杆。这与西方的市场强制完全不同，市场强制是市场来清理，政府强制的特点是企业遇到困境时，会向政府部门求助，这时候政府可能会进行柔性化处理，所以就会出现"要不要转向"或者"应该怎么转向"的标题，我认为这是一个非常关键的问题。

金融部门去杠杆和实体部门去杠杆的态势跟国际上的统计数据一模一样，结果是很正常的。从全球来看，八大经济体的实体部门杠杆率都是不断上升的，甚至美国也如此。不要纠结于美国去杠杆所取得的成功，它在早期去了一定的杠杆，是结构性去杠杆，居民部门去了杠杆，但企业部门并没有太大的变化。国外去杠杆强调的是金融去杠杆，直到今天美国金融业仍然在去杠杆，但效果甚微，甚至个别部门已经在加杠杆了。我们和美国的周期是错位的，2015年底我们开始去杠杆的时候，美国正准备货币政策正常化。虽然金融业要进一步开放，要提高效率，但缺乏真正激发活力的东西，这种长期错位也是值得研究的事情。

目前我们金融部门去杠杆成果很明显，但实体部门效果不佳。效果不佳并不意味着去杠杆一点成绩都没有，不过这个成绩里面也有一些令人担忧的因素。

首先，居民杠杆率的提升速度仍然是很快的，从2017年末的49.0%上升到2018年第二季度的51.0%，半年内上升了2.0个百分点，一年可能会接近4.0个百分点，下半年也有可能会少一点，总体来讲增速非常快。但相比2017年上半年杠杆率上升2.8个百分点，居民部门杠杆率增速有所减缓，政府的政策起到了一定作用。为什么现在强调去杠杆的时候，还要强调增加或发展居民消费信贷？这是因为消费驱动增长是一个根本。如果经济增长模式是投资驱动的话，一定会把信贷放在最重要的位置，但如果是由消费来驱动的话，则更多地依赖收入。并非消费信贷不起作用，只是这个信贷支持的更多是住房而不是一般的消费。

第二季度的居民债务余额上升到44.1万亿元，同比增长18.8%，短期消费贷款当前余额是7.6万亿元，同比增速是30.3%，比居民总贷款同比增速高了10余个百分点。其中，住房抵押贷款占比接近80%，带动了杠杆率的上升，房地产的作用非常重要，而且可能愈加重要。我不太赞同各个部门都去杠杆，我认为居民部门是要稳杠杆。从长期看居民部门的杠杆率不算高，几乎无法降低，通过降房价来降总体的杠杆率是个误区。

其次，非金融企业部门杠杆率从 2017 年末的 157.0% 下滑到 2018 年第二季度末的 156.4%，半年下降了 0.6 个百分点，除 2018 年第一季度稍有反弹外，下降趋势已保持五个季度，我认为这是非常好的现象。早期民营企业去杠杆效果显著，2018 年上半年国有企业的贡献略胜一筹。但这不代表整个形势发生变化，整个企业杠杆中国有企业占六成左右的事实仍然没有改变。

另外，在统计过程中我们发现，总体上国有企业杠杆率的变化比较平稳，应该是有所下降的，其中国有工业企业下降得略多，但是民营企业资产负债率上升。民营企业并非在债务的缩减方面有突出贡献，而是在资产方面出现了较大的问题。2018 年第二季度末工业企业负债相比 2017 年末下降 0.6%，其中民营工业企业下降了 0.3%，负债都出现了负增长。但资产降幅更大，2018 年上半年工业企业总资产下降了 2.5%，其中民营工业企业总资产下降了 7.8%。总资产相对于负债以更快速度下降，导致民企资产负债率被动上升。国企资产负债率下降，虽然负债减少也有所贡献，但贡献更大的是资产上升。国企 2018 年上半年负债增长了 11.4%，资产增长了 12.8%，其中国有工业企业负债下降了 0.5%，但其资产上升了 0.9%。上游产品的价格上涨、PPI 上升、民营企业联合国有企业，均为导致资产上升的重要因素。而民营企业的资产在大幅缩水，这恰恰能解释为何现在出现了跟预期不同的现象。总有人说去杠杆过程中有歧视，现在国有企业去杠杆效果好，民营企业去杠杆效果反而不好，仍然是这个问题的延续，只不过是以另一种方式呈现。如果我们从资产缩水和资产膨胀的角度来看，恰恰说明这样一个较大的问题。

国企的负债与营收比增速非常快，这说明国企的状况尚未好转，这一比值从 2017 年末的 191.0% 上升至 200.6%，上升了 9.6 个百分点。因此，仅从偿付能力来看，国企的债务风险依然较大。

最后，政府部门的总杠杆率从 36.2% 下降到 35.3%，共下降了 0.9 个百分点。其中，中央政府杠杆率从 2017 年末的 16.2% 下降到 15.9%，下降了 0.3 个百分点，地方政府杠杆率从 2017 年末的 19.9% 下降到 19.4%，下降了 0.5 个百分点。要注意这个下降是季节性的，后期势必会略有上升，这是我们的直觉。由于国债季度发行额具有很强的季节性，我认为随着第三季度进程的加快，政府显性杠杆率会略有上升，但是关键在于不只有显性杠杆率存在，还有隐性杠杆率。

二、地方政府隐性债务风险

政府给了隐性负债一个定义，即地方国有企事业单位（包括公立学校、公立医院等）替政府举借，由政府提供担保或以财政资金支持偿还的债务，以及地方政府在设立政府投资基金、PPP、政府赎买服务等过程中，通过约定回购投资本金、承诺保底收益等形成的政府中长期支出事项债务。相关文件规定：地方国有企事业单位均可作为融资平台。不只国有企业，事业单位也可作为融资平台。但是目前政府严令禁止事业单位作为融资平台，这恰恰说明地方隐性债务正在发生，这是非常危险的。

2018年上半年除了政府显性杠杆率在下降，隐性杠杆率也在下降，这就是成绩。衡量隐性杠杆的一个方法是通过资金的来源，另一个方法是通过资金的运用。非标主要进入了房地产、地方隐性债务和违规的产能过剩行业，其中20%~25%的非标进入了地方的隐性债务，也就是地方融资平台债务。将融资平台贷款、部分非标、存量债券，加上新型融资模式和政府付费型的PPP落地项目，以及PSL，再减去置换掉的债务部分，便得出隐性债务规模。

我们通过资金来源方和资金运用方两个角度同时来看，便会发现隐性债务在下降。第一个指标是以融资平台和PPP为代表的融资平台债务，其在下降，PPP退库整改近5万亿元，规模在减小。第二个指标是影子银行，金融去杠杆使影子银行规模大幅减小。第三个指标是基建投资，也出现了下降，原因为隐性债务来源不够。这三个指标中前两个指标是资金来源，最后一个指标是资金运用。

在此情况下，我认为政府部门可以适度提高杠杆率。第一，这是必要的，在结构性去杠杆的大背景下，指望持续推进企业部门去杠杆，就需要其他部门有所支撑。鉴于居民杠杆率的攀升已经到了一个限度，单靠居民部门"独木难支"，政府杠杆率的适度提高是有必要的。第二，政府拥有大量的资产，作为债务抵押也好，作为未来的清偿也好，都不会有问题。政府如何提高杠杆率？一是中央政府要加杠杆，二是要把地方政府的隐性债务显性化。我们现在有一般性债务限额、专项债务限额。一般性债务限额支持没有任何收益的项目，专项债务限额支持有一定收益的项目。可以对不同地区分类施策，适当增加财政实力强、债务风险较低的地区的债务限额，原则上不增加地方政府债务风险预警地区的债务限额。这个任务完全可以做到，2018年的债务限额还有剩余，这就是所谓的"开前门"。

既然地方政府要花费大量资金，市场又无法解决政府中长期融资的难题，那必须要有一个可持续的机制来支撑。我们要么通过发债，要么通过银行或者"房地美""房利美"等类似机构来支撑。如果没有上述手段就只能靠地方税收支撑，最后的结果是隐性负债不断上升。2008年之前，地方政府并非完全靠债务来发展，原本靠外部资金招商引资就可以发展得很好，但是2008年以后出现了金融危机，便开始启动融资平台。融资平台借债原本是禁止的，但是2008年以后不再禁止。地方政府不但可以出现经常性赤字，也有资本性赤字，由此形成地方的债务驱动模式。

三、金融部门杠杆率

1993~2016 年，金融部门杠杆率一路攀升，从不到 10% 分别上升到负债方统计的 67.7% 和资产方统计的 78.2%。但从 2017 年开始，金融部门去杠杆迈出实质性的步伐，这与非金融企业的去杠杆进程是步调一致的。2017 年，金融部门杠杆率分别回落 8.4 个百分点（资产方）和 4.8 个百分点（负债方）。相比于实体经济部门，金融部门可以说是加速去杠杆，且资产方口径杠杆率与负债方口径杠杆率之间的差距继续收窄，表外业务仍在向表内回归。

金融部门去杠杆是在严监管背景下进行的，取得了一定的效果，但要持续到什么程度是现在讨论得最激烈的，目前的问题是不清楚金融去杠杆的均衡点在何处。如果不再讨论金融套利、金融无效力等问题，去杠杆就不再受关注。我们常说"三年攻坚战"，三年内去杠杆问题未必能解决，但是三年之后，"去杠杆"将不再是一个热词。如果我们建立了好的制度框架和政策框架，去杠杆或者对杠杆率的约束就是持续的，而不是一场运动，这是最重要的。

四、去杠杆的误区

关于去杠杆有四个似是而非的观点，一是去杠杆要求各部门杠杆率全都下降；二是优化融资结构就能去杠杆；三是降房价就能去杠杆；

四是宽货币才能去杠杆。这是我们在研究过程中发现的误区。

第一个误区，指望全面去杠杆。我们国家的经济在近 30 年来发生了很大的变化，有三个重要的表现，分别是房地产愈加重要、贫富差距拉大和国际收支不平衡。这些表现其实都推动了信贷杠杆率的提高。美国和日本近 150 年的杠杆率数据表明，除了大危机、大萧条和战争时期，杠杆率都是越来越高。对 17 个发达经济体的研究也表明了这一点，从 1870 年到现在它们基本经历了四个杠杆率周期，每个周期是 30~40 年。每一个周期之后，下一个周期的杠杆率均值都高于上一个周期，下一个周期的峰值也高于上一个周期。这 30~40 年的周期跟后发经济体的赶超时间相关。通过研究亚洲金融危机可以发现，大部分亚洲国家经历了 30 年左右的增长期后爆发了危机，中国增长了 40 年。我们认为这是一个周期的顶点，也是杠杆率的顶点，这是一个非常重要的判断。

从长周期看，杠杆率的攀升不可能避免，通过分子分母就可发现。从分子的角度看，只要经济范式不发生革命性变化，经济对信贷的依赖程度便将保持不变或有所加剧。经济范式是由国际货币体系、信用本位、各种金融全球化、金融自由化等决定的，在短期内很难改变。从分母的角度看，分母是 GDP，随着逐渐进入高收入阶段，经济增速放缓，分子对信贷的依赖不会变化，但分母 GDP 的增长会下台阶，照此发展杠杆率只可能越来越高。发达经济体的杠杆就是这样，但是它们能持续下去的原因在于治理能力很强，这是核心所在。

长期来看杠杆率是不断上升的，我们指望各部门都去杠杆，最后实现总体去杠杆是做不到的，但是我们可以做到杠杆率内部的优化，促进各部门杠杆率的平衡。

第二个误区，指望优化融资结构去杠杆。通过直接融资发展多层次资本市场并不能解决去杠杆的问题。日德模式和英美模式不一样，德国主要依赖银行体系，企业杠杆率通常会很高。2017 年，德国的企业杠杆率仅为 54.4%，而英国、美国却分别为 83.8% 与 73.5%，比德国还高，这是第一个不符合我们直觉的判断。第二个判断更重要，如果我们把企业的债务总额占整个实体部门债务总额的比重测算一下会发现，日、德、英、美基本都在 30% 左右，这就说明企业债务在整个经济体里面的债务中占的比重没有太大的变化，符合其长期发展的态势。相比而言，中国企业债务占比为 65%，超过发达经济体的 2 倍。考虑到中国企业债务中约六成是国企债务（其中不少是融资平台债务并过来的），如果将这部分国企债务归到政府部门，那么中国企业债务就与发达国家持平，并没有异常之处。所以我们要分析为何有如此多国企债务以及跟政府相关的融资平台债务。由此可知，融资结构不是关键，体制才是关键，杠杆之困就是体制之困，杠杆率相对来讲只是一个层面的问题，但反映的是整个体制改革遇到的大问题。

第三个误区，指望房地产价值缩水去杠杆。即便发达经济体完全不进行新建房地产投资，银行新增信贷同样会集中于房地产融资。我国与住房贷款相关的信贷约占银行信贷的 40%，居民抵押贷款则仅占 20% 左右。相较而言，我国房地产所吸纳的杠杆率并未到"可怕"的地步，并且就银行来说，居民抵押贷款仍是最安全的贷款。

随着社会富裕程度提高，房地产在财富中的重要性不断上升。发达经济体房地产占国民财富的比重为 50% 左右，中国则不到 40%。我们先不讨论泡沫，而应该看长期发展的规律。

第四个误区，指望宽货币去杠杆。以宽松的货币环境实现完美去杠杆实际上是一种"误读"。桥水基金曾提出去杠杆的三阶段。其中的第一阶段是市场出清的过程，会出现糟糕的通缩式去杠杆。第二阶段是过度加大信贷刺激力度，导致糟糕的通胀式去杠杆。因此，可以将强制性市场出清导致的经济收缩看作完美去杠杆的前提。没有市场出清（伴随着企业破产倒闭和债务清理），就难以出现之后的经济复苏和杠杆率下降。如果阻止市场机制发挥作用，"僵尸"企业就无法去杠杆。不排除目前制度过于严格，希望政府可以用流动性支撑一下，实现平稳过渡。当前问题在于给出的一个"大帽子"是宽松环境去杠杆，这是一个根本性的误解，因为我国的去杠杆跟有些国家不一样，我国是政府强制性，有些国家是市场强制性。政府强制性总有讨价还价的余地，市场强制性则不会，所以一定要避免这种情况。我认为去杠杆政策在实际过程中有所转向，但是应该坚持去杠杆。从这个意义上看，当前去杠杆需要总体上偏紧的货币环境。归结到我们要讨论的最根本的问题，为什么说杠杆之困为体制之困？去杠杆是去地方政府隐性杠杆和国企杠杆，除此之外，还有金融杠杆。在金融去杠杆中，金融机构对前两者起推动作用，这是非常重要的。国企、地方政府与金融体系三位一体，其所体现的"结构性优势"，包括政府兜底、刚性兑付、软预算约束、"政企不分"以及给予国企在信贷、税收、准入、退出等诸方面的"优待"等，这些曾经是中国经济赶超的秘诀，我们不能否定，但现在"不太好使了"。我们要分析过去为什么可行，今天为什么不可行。因为现在没有充足的资源可以随便用，需要存量改革；风险累积模式不可持续，不再有高增长可以来"捂盖子"。过去我们在不断积累风险，但是经济增长速度太快了。今天增长速度在下降，在这种情况下，应推进破产重组，让市场清理机制发挥作用；破除政府兜底幻觉，硬化约束，推进杠杆率风险的市场化分担。

未来的改革，要以市场经济为基本信仰，并以此来调整政府的行为，而不是以政府主导为信仰，让市场经济来配合。

杠杆风险的国际比较分析——2018 年第二季度杠杆率报告

刘磊

　　我演讲的题目是"杠杆风险的国际比较分析"，做国际比较分析的主要目的是回应会议标题，也就是说，去杠杆政策到什么时候转向、杠杆要去到什么时候，应该有一个标准，只要没有达到这个标准，政策上可能暂时会有局部的波动，只有达到了这个标准才能真正地说去杠杆已经结束了。我的报告主要从国际比较的角度，依次分析居民、企业、政府、金融这几个部门。

一、对居民部门的分析

　　以中国和四个比较典型的发达国家为例，其中日本和德国是典型的以银行为主导的融资模式，英国和美国是以市场为主导的模式。二战之后各个国家的居民杠杆率都有显著的提升（见图 2），我国大约从 2009 年起居民杠杆率显著上升，目前最大的问题是增速过快，但绝对水平并不是太高。关于居民杠杆率，不同地方的计算方法也不同，有的地方把住房公积金加进去，有的则不加。关于这一点，任何部门的杠杆率并不是其所有的债务与 GDP 之比，而是债务的一部分，所以严格做国际比较的话应该遵循统一的标准，如果把住房公积金和居民之间的小额贷款、P2P 加进去，其他国家的杠杆率也需要相应地提高。我对相关数据进行了比较，发现每个国家都有一点差距，目前中国居民负债与 GDP 的比值比居民杠杆率高 10 个百分点左右，其他国家则相差不多。但是如果进行严格意义上的国际学术比较，计算居民杠杆率就不应该加这些数据。

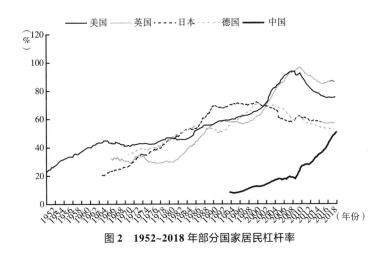

图 2　1952~2018 年部分国家居民杠杆率

居民是无法发行债券的，将居民部门杠杆率分解来看，主要的债务就是贷款，包括长期贷款和短期贷款。长期贷款以房贷为主，各个国家的数据都不一样，比如美国所有的长期贷款都是住房按揭抵押贷款。各个国家的房贷占比不一样，但通常为 80%~100%，中国的房贷占长期贷款的比例为 80% 左右。长期贷款占 GDP 的比例和住房价格的走势比较一致，比如在 2006~2008 年房价稳定的时间段内这个比例是比较均衡的，在房价增长比较快的时期尤其是 2015 年以来长期贷款占整个 GDP 的比例在上升，由这点我们可以预测将来如果房地产价格比较平稳的话，居民的长期贷款对杠杆率的拉动趋势应该也会比较平稳。从短期贷款来讲，我们目前的水平与美国相比有点差距，但是与其他国家是相当的，短期贷款主要包括消费贷款，与美国相比未来还有上升的空间，但是短期贷款占整个贷款的比例较小，所以它对杠杆率的影响并不是太大，从这点可以预测未来居民部门的杠杆率势必会逐渐走向平稳。

讨论杠杆率应该分为两个部分，包括债务和每个部门持有的资产。我们国家的资产很特殊，居民储蓄率在大部分时间超过 30%，远超其他国家。储蓄率是指居民的储蓄与居民的可支配收入之比，而储蓄是可支配收入减去消费，居民的这些储蓄形成了大量资产，包括非金融资产和净金融资产。从国家统计局和中国人民银行的数据来看，我国净金融储蓄，也就是对应最后形成金融资产的储蓄占 GDP 的比例在大部分时间超过 10%，同时居民部门固定资本形成占比在近年来也超过 10%。这其实是中国一个比较特殊的现象，目前看来中国债务增速较高，从金融资产的角度来看其增速仍较高，原因在于居民大量未消费收入的部分形成了金融资产和非金融资产。这些储蓄形成了金融资产，再将其与债务相比，最后形成了居民负债和金融资产的比例，虽然近几年中国居民金融资产负债率上升速度较快，但是与其他国家相比水平依然较低。由此可以得出一个结论，中国的居民部门最大的问题就是近些年杠杆率上升速度较快，但是无论从其和 GDP 的比率，还是和金融资产或者总资产的比率来看，居民的债务风险仍然不是一个比较突出的问题，所以我们预计居民的杠杆率也会随着房价的平稳而趋向平稳，但居民部门仍然是未来加杠杆的主力，实际上也具有加杠杆的空间。

二、对非金融企业部门的分析

非金融企业部门比较特殊，虽然各个国家的非金融企业杠杆率都在上升，但是我国既超出了历史平均水平，也超出了美国、英国、日本、德国历史上的最高水平（见图 3）。此处提及的非金融企业包括政府的融资平台等，这意味着没有被政府认定的债务以及大量的国企资产都被统计到了非金融企业里。如果减去这部分，其实际上和其他国家的水平是比较接近的，从 2009 年的"四万亿"计划以来非金融企业杠杆率的快速上升也与政府融资平台、国企大量加杠杆相关。2017年非金融企业的杠杆率走向平稳甚至开始下降，这是目前实施"结构性去杠杆"的效果，去地方政府债务和去国企债务在其中也有所体现。

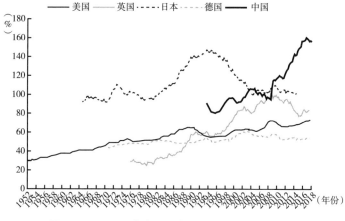

图3　1952~2018年部分国家非金融企业部门杠杆率

　　我们把非金融企业的杠杆率进行了拆分，一个是非金融企业发行的债券与 GDP 之比，另一个是其贷款与 GDP 之比。债券与 GDP 之比目前居高不下，比美国略低但也高于其他国家。所以目前有一种说法，可以通过发展直接融资来实现非金融企业的去杠杆，实际上我们认为这种说法有一些问题。直接融资包括两个方面，一个是债券，从绝对的比例上来看中国的非金融企业债券占 GDP 的比例是较高的，贷款占比远超其他国家，这两个方面都应该趋于稳定。另一个是股权融资，我想讨论一下债务融资和股权融资的比例。非金融企业的宏观杠杆率，也就是其总资产与 GDP 之比可以拆解成两个部分，一是非金融企业债券与 GDP 之比，二是非金融企业贷款与 GDP 之比。从资产负债率，也即非金融企业债务与总资产之比来看，中国虽然近几年增速较快，但是和其他国家并无太大差距，导致非金融企业杠杆率过高的主要原因并不是企业本身的债务与总资产之比较高或者微观杠杆率过高，而是总资产与 GDP 之比过高。中国非金融企业的总资产占整个 GDP 的比例为 400%~500%，远高于其他国家。学术界对于上述现象有多种解释，总结来说有两个方面，一方面是从供给的角度解释，另一方面是从需求的角度解释。从供给的角度看，这个比例是生产效率的倒数，生产效率也可以看作资本周转率，中国企业生产效率较低。从需求的角度看，中国的主要问题是储蓄率过高导致资本收入比在均衡的条件下为 4~5，未来非金融企业去杠杆的重点并不在此，而是非金融企业总资产和负债需要同时降低，也就是从供给角度来说的去产能和企业缩表，以及从需求角度来说的降低储蓄率、提高居民的消费率。

中国目前非金融企业债务与金融资产之比相对较高，假设各个国家的非金融企业中非金融资产和金融资产的占比比较一致的话，那么这个比例的上升说明了中国非金融企业中金融资产的占比较低，实物资产的占比较高。倒推可知，过去企业大量投资形成的实物资产并非真正的资产，而是无效资产，也就是无效的投资产生了无效资产。产生无效资产的一种可能性是产能本身不存在，这些无效资产就是无效产能，资产本身是虚的，本质上是消费，但是会计记账记成资产，导致非金融企业资产账面价值过高；另一种可能性是这些资产本身是有意义的，但是从需求上讲并不能产生经济价值，这和国企是比较相关的。比如，中国大量的基础设施建设在其初期并不能带来直接的经济收益，虽然其从本质上来说并非无效，但是经济收益较低，导致与GDP相比资产过高。刚才提到缩表的问题，实际上从工业企业的资产负债表可以看出，从2007年下半年开始工业企业总资产和负债的增速急剧下降，其中资产增速下降得更快，从而导致资产负债率提高，工业企业被动加杠杆，其本质就是缩表。工业企业整个资产和负债均在下降，但是这个逻辑在国有工业企业中体现不出来，完全没有缩表，2017年增速不降反升，2018年稍有下降，现在国企的增速仍维持在较高的位置。通过这种途径，非金融企业的去杠杆是较难实现的，目前主要是民营企业起作用。最后分析债务收入比的问题，宏观杠杆率是债务与GDP之比，微观杠杆率则是债务与企业的收入之比，可以看出国企的债务收入比达到200%，2倍的债务才能产生1倍的收入，效率远远低于民营企业。国有工业企业的债务收入比与民营工业企业的债务收入比相差70个百分点左右，也就是说，如果这些国企采取民营企业的运营机制，宏观杠杆率很有可能会下降70个百分点左右。因此，未来的去杠杆主体依然在于结构性去杠杆，在于国企去杠杆。

三、对政府部门的分析

政府部门的问题是最小的，从整体上看目前中国显性杠杆处在较低的位置，政府最主要的问题是隐性债务问题，这意味着非金融企业中的债务很多是政府的债务。从政府的金融资产和微观杠杆率来看，虽然中国政府债务与 GDP 之比相对其他四个国家是最低的（见图 4），但是其金融资产与 GDP 之比却远超其他国家。因为政府持有大量国企股权，这是政府金融资产的主要部分，现在超过了一倍的 GDP，所以中国政府部门有充足的资产抵御金融风险。从债务上看，如果把非金融企业的融资平台债务也算作政府债务，则资产方是上升的，企业掌握的资产也应放在

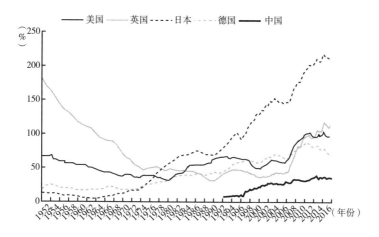

图 4　1952~2016 年部分国家政府部门杠杆率

分母里，只是比较同一个口径的话中国政府部门的微观杠杆率比较低，可以充分抵御金融风险的发生。未来居民部门和政府部门都有可能加杠杆。

四、对金融部门的分析

2009 年以来，影子银行和商业银行的资产之比快速上升，近期影子银行的总资产增速有所放慢，过去金融加杠杆的关键就是在于影子银行。金融部门是最特殊的部门，经营的就是资产负债业务，它的负债方基本来自实体经济的存款或债券购买的负债，其资产方是对实体经济的贷款或购买的债券，它是实体经济的债务，完全是实体经济的反面，所以单独考虑金融部门的杠杆率并无意义。借鉴国际学术的标准，把金融部门的杠杆率看作非实体经济债务，比如商业银行持有影子银行或者商业银行之间的债务占整个 GDP 的比例，即金融部门内部的资产负债链条，所以可以看到自 2009 年以来商业银行持有影子银行的占比在快速上升。此数据来源于 2016 年，所有影子银行出的数据都较晚，所以我们更新得稍慢。但是通过观察商业银行的同业资产指标（此指标为影子银行资产的一部分）可以发现，商业银行给其他商业银行的贷款和给其他金融机构的贷款在总资产中的占比在下降，这导致商业银行整个资产的增速也在下降，这说明影子银行的资产在收缩，金融部门在去杠杆。

通过总体比较可以看出，金融部门的总资产和总债务基本相同，金融部门的实物资产占比较少，英国的金融总资产与 GDP 之比较高，其他国家则相差不多，均为 GDP 的 4~5 倍。从总规模的角度来看，中国金融部门的总资产并不高，最大的问题在于影子银行。我们讨论了几种不同的资产，金融部门对其他实体经济的贷款占比在上升，与其他国家相比差距并不大，但是金融部门所持有的基金差距较大，这些基金包括广义基金。把影子银行的所有资产例如基金、资管、信托受益权等都包括在内，得出金融部门持有的基金和 GDP 之比在快速上升，尤其是从 2009 年以来影子银行的规模在快速上升（见图 5）。发展影子银行的初衷是为居民提供更多种类金融资产配置选择，但过去

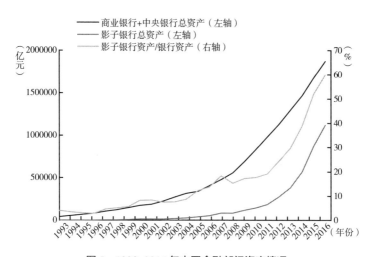

图 5　1993~2016 年中国金融部门资产情况

几年其主要成为监管套利的工具，通道的业务占比过高。

虽然目前金融部门杠杆率已经回到了 2014~2015 年的水平，但只要金融部门还持有大量的影子银行资产，金融去杠杆就仍有空间。其最终目标是让金融机构内部的资产和负债满足它最基本的功能，即金融部门短期的资金融通以及政策工具。比如央行给商业银行的贷款或者商业银行存在央行的准备金，只需满足最基本的需求，减少嵌套、监管套利导致的不必要的资金空转，都是未来金融去杠杆的目标。金融去杠杆和资管新规会导致企业获得贷款困难、金融去杠杆有所停滞，但金融去杠杆考虑的是金融部门内部的关系，和实体经济本质上无关，现实中金融存在结构问题，只有通过影子银行才能给实体经济放贷。商业银行本身有投研能力方面、监管方面的问题，目前给实体经济的放贷能力有限，但只要理顺问题，居民方面打破刚性兑付之后，资产选择可以丰富化，既可以选择商业银行的存款，也可以选择其他影子银行即非金融机构的产品。商业银行本身的投资能力需要增强，金融的杠杆率未来仍有进一步下降的空间，所以目前这方面存在结构问题，而非总量问题，金融的杠杆率仍需继续下降。

五、杠杆率和 M2/GDP 的分离

债务和存款是一个硬币的两面，本质相同，2010 年以来，实体

经济杠杆率和 M2/GDP 之间的缺口迅速扩大（见图 6），原因在于很多部分的实体经济杠杆率并非由银行创造的，而是来自实体经济，例如居民持有债券、企业持有债券。我们判断未来随着居民资产配置的多元化，且更多直接配置到债券直接融资里，这个缺口会愈加扩大。有一些学者认为 M2/GDP 也是宏观杠杆率的代表，我们认为，长期来看，债务本身即实体经济的杠杆率，对宏观杠杆的指代意义更强，要明显优于 M2/GDP。从其他国家近 150 年的经验来看，1870~2013年所有国家的杠杆率与 M2/GDP 之间的缺口均在快速扩大，而且不会收敛，缺口只能越拉越大，这体现了通过非金融机构创造的信用占比会越来越高。

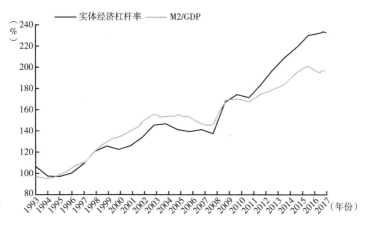

图 6　1993~2017 年中国实体经济杠杆率与 M2/GDP 的趋势

马险峰

去杠杆还是要减少政府对财政、信贷资源配置的引导，要调整市场的力量，强调市场导向，用十八届三中全会中的内容来说就是"使市场在资源配置中发挥决定性作用"。我认为这个报告的结论是重要的，但是报告中有些观点和想法我并不完全同意。总体而言，这份报告数据翔实，详细地分析了杠杆问题，关注了方方面面。

第一，合理的杠杆究竟在何处？从企业角度来讲，特别是从资产负债表角度来讲，合理的杠杆率是净资产收益率，也就是权益资本的收益率和借贷资本的成本是一样的，即权益资本的收益率高低取决于杠杆率边际的大小。在经济增长速度快的时候，权益资本的收益率高说明负债能力强，收益率低那么杠杆率就要降一点，所以提出了"三去一降一补"。这是假定借贷成本不变，如果假定权益资本收益率是不变的，那么降息后企业就会倾向于提高杠杆率，加息后企业就倾向于降低杠杆率。我们从高速增长到中高速增长阶段、从粗放式增长进入高质量发展阶段，客观地讲有一个去杠杆的趋势和过程。那么在这个趋势和过程中，如何在发挥好市场配置资源作用的同时更好地发挥政府作用？这与我国的经济发展阶段有关。我们国家现在整个经济状况是转轨经济，正处于从传统计划经济向现代市场经济的过渡中，现代市场体系还在建立之中，在这个过程中我们的金融问题、杠杆问题、经济的宏观调控问题都难以脱离转轨经济的状况。当我们和国际相比较的时候，国际上基本是市场经济国家，如美国、英国、德国、日本等，市场经济国家中的市场力量和政府力量处于大致均衡状态，有若干年的经验。我们的转轨经济是从原来几乎百分之百的计划经济向理想中的百分之百的社会主义市场经济过渡，向市场力量比较强大的阶段过渡，目前还处于半山腰，在这种状况下我们的杠杆问题、金融问题都受到发展阶段的制约，这些问题对我们的认识、理论研究、政策建议、宏观调控都带来较多、较大的挑战，而且西方发达国家的经济学研究、政府管理、金融政策制定等方面的许多条件是我们所不具备的，或者说它们的相关经验是我们难以直接借鉴和应用的，所以中国发展阶段的特点比较特殊。

第二，去杠杆的关注点应该是什么？我认为在于企业，因为企业提供了广大的就业、税收、经济发展的动力。企业在去杠杆过程中获得的金融资源减少，同时在政府宏观调控中受到压力。改革开放以来，我国 GDP 增长从最高约 14% 降至目前约 6.7% 的水平，在市场的调整过程中，企业面临的压力也是巨大的，因为市场本身就是优胜劣汰，这很正常。企业竞争失败后，有些要转型发展，有些甚至破产、倒闭，经济杠杆率势必会降低。所以宏观调控和金融政策还是要维护企业的发展，企业就是生产力，在杠杆受经济发展阶段制约的情况下，政府宏观调控要关注企业、支持企业。我们经济体制改革也是如此，在计划经济里放松一部分，减少管制，企业便慢慢成长起来，如果再加强管制企业就会面临更大的挑战，我们要关注企业的发展，关注企业的困境，要解决融资难、融资贵的问题。

第三，我们国家是转轨经济，金融发展过程也是转轨的。金融的基本特点对杠杆率的影响巨大，不可避免。在一定的金融结构下，企业的杠杆率逃不出金融结构的约束。那我们的金融结构有何特点？习近平总书记在全国金融工作会议上讲过"金融是经济的血脉"，就像中医号脉便能知道病情如何，通过杠杆率问题也可以诊断出我们的企业问题、经济结构问题、发展阶段问题。通过几十年来的发展，上述问题依然存在。货币多、资本少是我国金融结构的基本特征，这个特征从改革开放初期到现在，可能在未来20年、30年、40年都不会改变，但程度会有变化。2017年底我国的货币化率M2/GDP是191%，美国是72%，英国是121%，说明我们的货币多，接近美国的3倍。去杠杆、控制房价上涨都是因为货币有所增加。事实上金融的问题都来自经济，实体决定虚拟，产业决定金融。那么这种情况下，货币多了，资本就少了，这是长期发展形成的。资本有不同的概念，一年以上的资金叫资本，我们从最狭义的、能够反映大多数资本的角度来考虑，股票市值加债券市场未清偿的余额与 GDP 的比值，我国是 149%，美国是 376%，英国是 400%。我们的货币化率加上资本化率等于金融化率，当然这个金融概念囊括了 80% 以上的金融资源，未包括租赁、担保等。我国的金融化率是 341%，美国是 448%，英国是 521%。通过简单的比较发现，我国的金融特点是货币多、资本少、金融发展滞后，金融并非发展过度而是发展不足。在这种情况下，权益资本少自然负债就高，企业就要增加资本，但资本市场发展受制于各种各样的制约，比如排队上市的企业很多，较多时有五六百家，而市场容量有限。在资本市场发展还不够的情况下，企业的长期资金少，长期投资便会后劲不足，融资难、融资贵现象势必会突出，实体经济杠杆率必然高，因为金融结构就是如此。于是资本市场便成为金融体系的短板，不利于经济的可持续发展，货币多的特点是货币资产集中在银行体系。根据上市公司半年报的比较来看，在 3500 多家上市公司总利润中，25 家上市银行的净利润占比达到 40% 左右，因为在这个金融结构下，货币多数资源集中在银行体系。由于银行掌握大量金融资源，千家万户的中小企业根本不具备和它们议价的能力和条件，在这种情况下银行利润必然高，实体企业利润必然低，且创新能力、研发能力、长期投资能力不够，高质量发展面临巨大挑战，金融结构决定了创新能力。以上便是高杠杆率长期存在的一些问题。

企业杠杆率理论上要降，但是如何降？加资本还是减负债，或是降低生产能力？我认为是加资本，要发展股权资本市场，增强企业股权融资的能力和条件，创造更好的条件加大股权融资。金融资源的目的是得到合理的回报，这个回报是靠企业创造利润来支撑的。当然政府也有创造的能力，比如提供公共服务等，但从市场角度来看国民经济的基础分配还是在企业。所以要让企业发展起来，要让企业做强大，中国要高质量发展、建设现代化强国、实现中国梦还是要靠企业。杠杆率从表面上看来自企业的，但核心是要解决企业的融资难、融资贵问题，要着重解决企业发展面临的问题。对宏观经济调控出谋划策，实现经济可持续发展，不能仅仅是就事论事，不能脱离中国的发展阶段，不能脱离企业面临的问题，特别是中小企业面临的问题，如果纯粹从杠杆率本身看问题，容易看不到全貌，容易看不到未来的政策方向和着力点。

我国现有的金融资源从总量看规模较大，而金融落后的原因是我们的金融资产规模并非很大。瑞士信贷银行2017年全球财富报告测算，我国的财富总值居世界第二位，达到29万亿美元。由于测算口径不同，这份报告不一定特别客观和全面，但是我们可以发现一个趋势。从成年人的人均金融财富水平看，我国与主要发达国家还存在较大差距，我们国家成年人人均金融财富是1.3万美元，美国是32万美元，英国是17万美元，日本是15.4万美元，亚太地区平均是2.8万美元，全球平均是3.6万美元。随着将来中国不断发展，金融财富还会不断增加，那么在杠杆中可借出的钱会越来越多。所以需要合理配置金融资源，使创新能力强、可持续发展能力强的企业进入金融体系。因此，如何实现去杠杆的宏观调控政策？这一课题确实很重要，应持续关注，以后要研究和解决企业融资难、融资贵的问题。转轨经济过程中政府拥有大量的资源，和市场经济国家不同，我们国家的政府除了拥有财政收入之外，还拥有土地资源、国有企业，这是西方国家所不具备的。所以在宏观调控过程中发挥政府作用很重要，同时政府的力量除了配置好自己的三方面资源之外，还要加大对企业的支持和扶持力度。通过改革开放建立社会主义市场经济体系是我们的发展目标，在建设现代市场经济体系过程中把各种类型的企业支持好、扶持好，也是政府调控非常重要的任务。

任泽平

这份报告一以贯之，建立了自己的体系，研究也在不断深入，有框架、有体系、有证据。坚持真的很重要，国家金融与发展实验室对这个领域的研究将在国内树立起品牌。整个报告的内容非常扎实，数据也非常扎实，有些

判断非常好，体现了我们很多的研究正在不断深入。

我提几个建设性的具体意见。第一，总判断可以进一步延伸。大家讲了很多数据，包括张晓晶老师也讲了很多理论、思想以及数据背后的内容，这些内容很好。金融部门杠杆率持续回落，实体经济杠杆率略有微升，再加上杠杆率结构出现了恶化，这无法靠简单的金融松紧解决。中国的杠杆与美国不同，带有大量的结构性问题。好的去杠杆和坏的去杠杆也与美国不同。一般来说，好的去杠杆是温和通胀型去杠杆，坏的去杠杆是恶性通胀或过度通缩型去杠杆。但是在中国，好的去杠杆不简单是温和通胀型去杠杆，而且要解决其背后大量的结构性体制问题。去杠杆只是一个工具，最终要实现市场配置资源的效率提升。如果表面上杠杆率下降了，但都退回到以国有经济为主，那么这种去杠杆有何意义？这其实为整个经济发展埋下了更深的隐患，我们现在是否存在这样的问题？

第二，短期消费贷是不是拉动贷款余额上升的主要动力还需要进一步分析。很难区分居民消费贷的上升是因为消费的蓬勃兴起，还是资金大量流入房地产，但是可以作一个验证。如果大量的消费贷用于消费，那么就意味着我们国家的消费是不错的。但是2018年社会零售总额即消费出现了明显的下降，处于近几年来的新低。由此可知，大量消费贷不是用于居民消费，居民甚至出现消费降级。

第三，关于对房地产的判断。现在住房贷款高位回落，2018年房地产市场出现了两个重要的迹象。一是房地产开发企业的资金来源，当前个人贷款和房贷均出现负增长，仅有预收账款即来自居民买房的现金出现增长，说明整个经济金融形势对房地产的压力已经开始传导，对未来的消费和投资都会产生明显影响。二是2018年1~8月共有800多宗土地流拍，原因很简单，企业没钱，或企业要谨慎投资。这意味着房地产投资也是有压力的，这对整个宏观形势、金融形势都会产生影响。

第四，报告强调了一些重要的地方，这很有意义。比如，去杠杆过程中国企、民企的问题，国企的杠杆率下降，民企的杠杆率上升。国企和民企杠杆率的上升或下降是因为市场竞争，还是其他原因？张晓晶有一个观点我非常赞同，由于利润的挤压和融资的歧视，一些民企主动投靠国企。杠杆不仅是总量问题还是结构性问题。目前来看，中央政府有加杠杆的空间，非金融企业和金融部门的杠杆率较高，需要去杠杆。但是我们要认真考虑居民是否真的有加杠杆的空间？我们跟发达国家比较时要分析背后的一些因素。即使我国居民负债率和发达国家差不多，但可支配收入实际上差距很大，他们并没有医保、社保、教育支出的压力。我支持政府加杠杆，例如加大减税降费力度。政府杠杆加在基建上也具有合理性，因为中国的基建是具有潜力的，但是也要分区域。

第五，我认为整篇报告非常扎实，标题能否换成"如何实现好的去杠杆"，或者下次会议可以讨论这一问题。对于好的去杠杆一定要坚持下去，坏的去杠杆要尽早结束。

其实中国的杠杆问题并非总量问题，而是大量的结构性和体制性问题。一是我国地方政府的杠杆，原本是显性债务，2014~2017年则产生大量隐性债务，PPP、融资平台都在扩张。我国和发达国家地方政府债务扩张的原因不同，我国存在预算软约束，而西方国家没有，因此我国地方政府的收益和风险承担是不匹配的。关于我国政府的杠杆问题，也可以从国民收入分配角度分析：收入方面，中国政府在整个国民收入分配里占比较高，居民部门占比较低，所以我国宏观税赋较高；支出方面，政府用于社保、医疗的支出比较少。政府占有大量收入但没有用于社会保障支出，而是用于财政供养和基建支出。中国的杠杆问题如果没有从结构和体制的视角分析，只考虑总量问题，那么毫无意义。即使现在把杠杆总量降低，但没有进行结构性优化，也未必是好事。

二是企业的杠杆，具体指非金融企业。最近国企杠杆率下降，民企杠杆率上升，这究竟是什么原因？中国民企的盈利能力长期强于国企，但是最近两年出现了反常。国企尤其是上游资源型行业的利润呈50%甚至100%的比例增长，主要靠涨价，涨价的原因在于环保风暴的驱使。这种利润的调整并非靠市场竞争获得，而是跟行业开放有很大关系。上游资源型行业以国有垄断为主，下游制造业以民企为主，上游的民企被迫退出，因此国企利润很高，以及民企融资的被歧视问题，目前民企出现困难的原因也在于此。当前中国的整个基础性成本都高于美国，如汽油、天然气、柴油、土地、电力等，因为这些行业都是垄断行业，均存在开放不足的问题。

最近发生中美贸易摩擦的原因在于，美国认为中国对美国有大量的货物贸易顺差，因为中国制造业竞争力很强大，制造业中国企占比较小，我们不断地向民企和外资企业开放，竞争充分。但是中国的服务业存在巨额的贸易逆差，我国服务业中国企占比 70%~80%，基本是不开放的。企业更多要靠对内对外开放，通过竞争、提升效率来降低成本，最后杠杆加不动的企业便会退出，这是一个自然出清的过程。

三是房地产。为什么房地产是高杠杆部门？房企为什么加杠杆？因为有涨价预期，如果预计资产价格未来要下跌则肯定不会加杠杆。房地产的涨价预期是造成房企加杠杆的根本原因，不要因果颠倒，并非因为加杠杆所以涨价，而是因为有涨价预期所以才加杠杆。房地产会有涨价预期有两个原因，一是我们的城市规划有错误，二是长期的货币超发，问题并不在于房地产。过去，中国城市规划政策的指导思想是"控制大城市人口、积极发展中小城市和小城镇、区域均衡发展"。这一城镇化思想很完美，但是过于理想化，太不尊重市场了。按照联合国的统计数据，美国、欧洲、日本的城镇化率均达到 80% 以上。全球人口迁移的基本趋势是往大都市圈迁移，因为大都市圈更节约土地，更节约资源，更有效率，更能为有才华的年轻人提供实现梦想的机会，更能为高净值人士提供优质的公共资源，所以人口不断流入大都市圈和区域中心城市。人的流动是市场化的，而我国的土地供应是行政管制的，通过数据可以发现，人口在向大都市圈流入，但国家在减少或控制大城市的土地供给。

十年前北京要将人口控制到 1500 万人，因此按照 1500 万人口规划这座城市，而现在北京人口达到 2200 万人。过去十年北京房价涨了 10 倍，价格背后的原因是供求关系，人口在增加，但是土地供给并没有增加。我们做了一个测算，从人口经济分布平衡的角度看，未来北京人口要增加到 3000 万人，这是基本趋势，但是北京即将减量发展。价格只是结果，都是有逻辑可以推导的。一、二线城市高房价和三、四线城市高库存的根本原因是人地分离、供求错配，再加上货币超发，以及一度的监管缺位。这篇报告讲得很清楚，货币超发主要是表外影子银行的部分。我们的银行理财产品从无到有，现在将近 30 万亿元，券商资管、基金子公司、信托加起来也有几十万亿元。杠杆总量是表面问题，深层次的是结构性和体制性问题。

我非常赞同这篇报告的主题，以市场化的方式、以提高全要素生产率的方式来衡量究竟是好的去杠杆还是坏的去杠杆。直接融资与间接融资、股票市场与债券市场，这不是一个简单的市场问题，而是是否具备制度环境的问题。银行这种间接融资方式的市场和证券市场并不简单是两种市场，实际上是两种制度。大家都想通过类似美国的公开、透明、法制的证券市场进行融资，因为其更有效率、更透明、更公平，但是这对于法制的环境、对于会计准则的透明度、对于监管能力都是巨大的挑战，可能会暴露出更多风险。

马险峰

资本市场与银行信贷市场相比，是更加分散化的市场力量。资本市场中资金的买方卖方可以较为自由地选择，个人投资者可以自由选择投资看好的企业。如最成功的资本市场——纳斯达克激励创新创业，全球十大科技类企业有六个在纳斯达克上市，这是一个投资者选择的结果。资本市场看的是未来，银行贷款看的是过去，资本市场代表投资者去选择市场力量更强的企业，所以市场化投资水平更高。我认为现代金融体系的核心是资本市场，因为它反映了更强的市场化的力量，配置资金的效率更高。但是现代资本市场体系发展起来还要有个过程，是逐渐发展起来的。

提高直接融资比重是个大趋势。"直接融资比重"这个概念最早来自美国的一篇文章，1984 年中央文件第一次采用直接融资比重的概念。从发展来看，"十一五"期间我国直接融资比重是 11.5%；

"十二五"期间是 16.4%；2016 年最高，达到 23.8%；2017 年因为去杠杆、宏观调控等原因降到 7% 左右。直接融资比重的降低，是金融资源配置中应注意的现象。我们要加快发展直接融资，在金融资源配置中优化杠杆率，该降的降，该加的加，通过提高直接融资比重、提高权益资本来增强整个经济的抗风险能力、创新能力、投资能力，让经济的可持续性更强一点。传统计划经济下也能够持续若干年，只不过效率低、发展慢。现在我国经济要和国际经济接轨，实现中国梦正处在关键时期，我们需要充分调动市场的力量强化市场配置资源，通过市场竞争优化金融资源配置，实现经济可持续发展。在这种情况下，我们要发展出一大批有创新能力、有可持续发展能力的企业，引领中国走向现代化强国，这是中国经济发展必要的目标和模式。

中国国家资产负债表 2018

2018 年 12 月 26 日，国家金融与发展实验室在京隆重召开《中国国家资产负债表 2018》新书发布暨高层研讨会。该书是以"中国国家资产负债表"为总题目的第三部专著，填补了我国国家资产负债表数据的空白，为国家能力、要素配置、财富构成与债务风险等分析提供了权威依据。与会专家认为，2016 年末，我国政府部门净财富持有量远高于主要发达经济体，政府部门拥有大量净资产是国家能力的重要体现，但政府直接拥有和配置大量资产也会影响经济整体效率，因此长远看，不断优化存量财富配置才是迈向高质量发展的关键。

主要出席嘉宾

谢伏瞻 中国社会科学院院长

李　扬 中国社会科学院学部委员、国家金融与发展实验室理事长

韩文秀 中央财办副主任

赵剑英 中国社会科学出版社社长

张晓晶 国家金融与发展实验室副主任、中国社会科学院经济研究所副所长

白重恩 清华大学经济管理学院院长

余永定 中国社会科学院学部委员

许宪春 国家统计局原副局长

王　毅 财政部金融司司长

刘元春 中国人民大学副校长

探寻适合中国国情的杠杆率和资产负债的合意水平

韩文秀

讲几点初步看法：

第一，国家资产负债表的编制和研究是中国经济理论发展的一个重要的创新性贡献。这是一项非常基础性的工作，既要求精细，又贵在坚持。李扬教授带领的团队连续推出资产负债表的研究成果，是非常难能可贵的。从国际上来看，这项工作大多属于政府统计部门的职责，我国统计部门也正在进行相关工作。而学术研究机构在这方面做一些开创性工作，有探路和引领的作用，是非常必要和有意义的。

第二，国家资产负债表的编制可能需要突破现有的部门分类框架。目前国家资产负债表在居民部门这部分，居民的住房资产负债占比最大。从更完整的角度来看，企业和居民之间的资产负债状况是相互影响的，最好是既对居民住房资产和负债情况进行研究，又对房地产企业的资产负债状况进行分析，把房地产市场看作一个整体。政府隐性债务在总债务中已经是存在的，只不过对隐性债务属于政府债务，还是属于非金融企业债务，界定尚不明晰。如果将来算作非金融企业债务，非金融企业的杠杆率就会提高；如果算作政府债务，非金融企业杠杆率会相应下降，政府部门杠杆率会提高。具体怎么划分、分析，应该仔细研究。

第三，探讨适合中国国情的资产负债率或者杠杆率的合意水平。杠杆率不是越高越好，也不是越低越好。总杠杆率和分部门、分领域的杠杆率是否有比较合意的水平，可能需要结合中国经济的实际情况来看，同时还要结合东方国家、东方社会的一些特点，例如日本的情况跟欧洲相比就有不一样的特点，其中既有经验也有教训。日本的杠杆率总体是很高的，但债务多数是内债，而且大部分在政府，尤其是中央政府负债。从多年的情况和经验来看，日本的风险状况相对比较稳定，跟一些欧盟国家的情况有很明显的对照。还有一些拉美国家的外债占比过大，一旦出现"黑天鹅"或者爆发外部风险，可能会影响到国内。相比较而言，日本抵御外部风险的能力更强一些。所以我们也要认真研究其他国家的经验教训，并且结合实际情况探讨适合中国国情的合意的杠杆率和资产负债水平。

第四，探讨存量向流量转化的条件、途径、时机等问题。资产负债表主要研究存量问题，现实经济中大部分是流量（增量）问题，流量和存量是相互影响的，关系十分密切。存量矛盾积累到一定程度，可能会有一个触发机制引起流量方面的问题，金融危机就是一个典型例子。所以我们也需要研究存量向流量问题转化的条件、途径、时机。

第五，加强系统性、原创性理论创新。改革开放 40 年以来，中国经济发展的实践创新和理论创新是相互激荡、相互促进的。但总体上讲，实践创新走在了前沿，步伐更大，而理论创新可能有些滞后。经济理论创新方面还存在不少短板，需要加快补上。希望坚持以习近平新时代中国特色社会主义思想为指导，在经济理论创新方面能够有更大突破。

中国国家资产负债表具有前沿性、权威性、创新性、及时性

赵剑英

尊敬的谢伏瞻院长、韩文秀主任、李扬老师，各位学者、专家、媒体朋友们，大家下午好！

首先，我谨代表中国社会科学出版社对《中国国家资产负债表 2018》的出版与发布表示祝贺，对本书的作者团体——李扬老师领衔的国家资产负债表研究中心表示衷心祝贺，对前来参会的各位领导、

嘉宾、媒体朋友们表示感谢！

2018 年是改革开放 40 年，中国经济社会发展取得了举世瞩目的成就，在充分肯定成就的同时，也要看到目前经济发展中面临的困难。习近平总书记在党的十九大报告中提出"我国经济已由高速增长阶段转向高质量发展阶段，正处在转变发展方式、优化经济结构、转换增长动力的攻关期"；随后又在 2018 年中央经济工作会议中指出目前中国"经济运行稳中有变、变中有忧，外部环境复杂严峻，经济面临下行压力"。面对国际国内环境的变化，特别是我国发展条件和发展阶段的变化，我们必须充分估计困难，摸清"家底"，做好预案。这就需要我们层层溯源，关注国家资产、负债状况及其动态平衡关系。国家资产负债表依靠一系列数据处理方法，用严谨、细致的理论框架，列出国家"家底"，并依托这一框架，揭示各经济主体主要经济活动之间的对应关系，勾勒出国家经济运行的机制。我们今天发布的《中国国家资产负债表 2018》，其测算的"2000~2016 年中国国家资产负债表"数据，不仅有助于我们准确把握国家经济的健康状况，也为政府部门制定政策提供了理论依据。我觉得这本书有四个特点。

第一，前沿性。李扬老师在序言中具有前瞻性地提出"债务密集度"上升的问题。2008 年国际金融危机是一场债务危机，因此减少债务和降低杠杆率是走出危机的必要条件。然而，这十年间全球债务规模和杠杆率仍在上升。李扬老师在序言中也集中阐述了债务密集度上升的必然性和主要渠道，并探讨了对世界经济发展的客观现象、趋势，以及对未来经济可能产生的影响。这既是挑战，也是继续发展的机遇。这说明用传统的经济学理论分析和采用常规政策已经无法解决目前的债务问题，需要新思路、新想法，甚至是创新的理论，这本书的可贵之处就是具有前瞻意识，把握住了世界发展的前沿问题。

第二，权威性。有多个学术团队对中国国家资产负债表的编制进行了研究，但侧重点各不相同，研究也不连贯。国家统计局 2018 年完成了中国国家资产负债表的初步编制，但没有公开发行。由李扬老师领衔的中国社会科学院研究团队成立于 2011 年，是国内较早研究、并唯一坚持编制和发布中国国家资产负债表数据的团队，其提供的数据成为分析、研判国家能力、财富构成与债务风险的权威依据。其团队的主要研究成果在国内产生较大影响，李扬等著的《中国主权资产负债表及其风险评估》获得首届孙冶方金融创新奖（2014 年度），李扬、张晓晶、常欣研究员凭借对"中国国家资产负债表"的持续研究，其作品《中国国家资产负债表 2013：理论、方法与风险评估》获得第五届中国软科学优秀成果奖（2015 年度）。在国际上，其主要研究成果被国际货币基金组织、世界财富与收入数据库以及国际主流学术期刊所引用，成为该领域的权威。

第三，创新性。"中国国家资产负债表"的系列研究成果目前已出版 3 部，都是在中国社会科学出版社出版的，今天发布的《中国国家资产负债表 2018》是继 2013 年和 2015 年之后出版的第三部。相比之前的两部，本次编制的 2000~2016 年国家资产负债表在编制方法、数据跨度以及国际比较等方面都进行了改进，取得了重要进展。

第四，及时性。国家债务是牵一发而动全身的，分析一国债务情况最适当的工具就是该国的资产负债表。当前，金融风险逐渐加大，地方政府债务危机显现，国际上贸易保护主义抬头、"黑天鹅"事件频发以及国际政治的不稳定进一步冲击着中国经济。因此，我们需要全面、客观地了解、掌握目前中国整体的债务规模、杠杆率情况，为中央政府把控目前经济中的不确定因素，制定下一步经济、金融发展规划提供重要的理论依据。本书及时填补了这方面数据的空白，将 2000~2016 年中国的"家底"和盘托出，并分三个时间段、四个时间节点对比分析，通过数据分析客观地展现出中国综合国力、国家财富分布、财富收入、金融资产、融资情况、资产规模债务风险等现状，并就目前学界、政府、大众所关注的机关事业单位养老保险隐形债务等话题给出了一定的分析和政策建议。

我们社高度重视本系列图书的出版发行和海外推广。在收到本书定稿后，我们及时抽调组织优秀编校团队，协调各项出版环节，在编校过程中多次与作者团队就书稿中的表述、数据反复校准和核对，精益求精，且封面也经精心设计，风格简洁、大气，这些工作都是我们编校团队在 1 个月的时间内高质量、高效率完成的。

在"走出去"方面,"中国国家资产负债表"系列的前两本:《中国国家资产负债表 2013:理论、方法与风险评估》和《中国国家资产负债表 2015:杠杆调整与风险管理》的英文版已经由德国的施普林格·自然集团于 2017 年出版,在海外受到了极大关注,施普林格的挂名图书年平均下载量在 2000 次左右,但此书年均章节下载量累计达到 5540 次,已远超平均水平。下一步我们也会积极推进本书的海内外发行、宣传和推广工作。

中国社会科学出版社始终坚持正确的出版方向和出版导向,贯彻高质量发展理念,坚持把社会效益放在首位,在主题出版、学术精品"走出去"、国家智库成果出版方面都取得了突出成绩。再次祝贺《中国国家资产负债表 2018》的成功出版与发布,祝会议取得圆满成功,新年将至,祝各位领导、专家、与会嘉宾身体安康、新年快乐!谢谢大家!

中国坚持结构性去杠杆的方向

李扬

关于去杠杆的问题,我也做一个简单的发言。刚刚结束的中央经济工作会议重申了我国要坚持结构性去杠杆,跟大家分享一下有关的材料和分析。

一、中国杠杆率及国际比较

中国非金融部门的杠杆率在 2009 年有一次跳跃式的增长，到 2016 年提出了去杠杆，2017 年、2018 年杠杆率就比较稳定了。比较日本、欧洲和美国的情况，这三个发达经济体非金融部门的杠杆率走势是比较一致的，相对来说，除了在金融危机的时候，没有特别多的跳跃。相比而言，中国非金融部门的杠杆率上升得很快，这正是我们需要注意杠杆问题的根据。当然，国外也正是用这样的曲线走势来说中国的债务和杠杆问题。

非金融企业的杠杆率也是从 2009 年开始上升，到 2016 年、2017 年已经比较平稳。我们的资料显示，非金融企业的杠杆率继续下降，从 2017 年末的 157% 下滑到 2018 年第三季度末的 154.5%，这也许反映出经济状况不好，企业不愿意负债，银行也不愿意贷款。美国、欧洲、日本作为发达经济体，其企业的杠杆率是非常平稳的，甚至金融危机都没有让其产生剧烈的波动。然而，中国企业的杠杆率是非常不平稳的，特别是最近这几年，跳跃式上升，后来又滑坡式下降，也就是说，企业的财富结构是不稳定的。通过比较可以得出一个结论，中国想向发达经济体迈进，稳定企业的财务结构、所有制结构、各种治理结构是首要的。这也清楚地告诉我们中国与发达经济体的差距在哪里。

中国居民部门的杠杆率是在不断上升的。我们的数据显示，居民债务余额上升到46.2万亿元，杠杆率从2017年末的49%上升到2018年第三季度的52.2%。刚才也讲了杠杆率的分母用GDP还是有一些问题的，所以我们把分母替换成居民的可支配收入，情况就有一些变化了。中国居民杠杆率2017年已达到85%，相比美国，金融危机之前美国居民的相应比率为103%，我们逐渐在靠近，中国居民部门的风险逐渐增大，值得高度警惕。

日本和欧洲居民部门的杠杆率也是相对稳定的，这同样是发达经济体的一个特征，财务结构比较稳定。美国居民的杠杆率不稳定，所以爆发了一次经济危机。次贷危机之前美国居民的杠杆率在上升，泡沫破灭后开始下降，之后又进入与其他发达经济体同样的轨迹运行。中国居民的杠杆率在上升，而且和美国危机之前上升的趋势是平行的。我们实验室好几个研究团队最近几年始终在强调居民部门的杠杆率不能再上升了，不能再想方设法让居民借钱，这个问题已经很突出了。我国存款、贷款增长率都开始下降，中国宏观的经济结构中居民是储蓄者，这样发展下去未来居民可能变成非储蓄者，最终可能发展成不可收拾的结果。

接下来看中、美、欧、日政府部门杠杆率的比较，美、欧、日作为发达经济体，政府部门的杠杆率上升得比较快，中国上升得比较平缓。有一个逻辑非常重要，居民、企业杠杆率的下降，原因是有一部分可能由政府承担了。美国发生金融危机的时候，财政部出钱，美联储出钱，让私人部门渡过难关，于是才能看到美国私人部门的杠杆率平稳、政府部门杠杆率高涨的情况。刚才也说到日本，我们不能不加分析地讲日本政府有多高的债务，日本是内债，借债是为了让私人部门渡过难关。作为一个宏观的总体，特别是各部门之间的关系，有非常多的东西值得我们借鉴，也可以看到中国与其他经济体之间的差距。

最后是金融部门的情况，显然中国的金融部门还在持续去杠杆的过程中。

比较一下若干经济体非金融部门债务，中国的杠杆率问题总体来说是中等的，不像很多国家渲染得那么厉害。我们的分析是中国的杠杆率总体上没有什么问题，但是结构上存在问题，因此结构性去杠杆是针对中国国情的一个去杠杆战略。

二、中国的债务密集度仍在提高

中国的债务密集度仍在提高，这是我们深入分析后很担心的一个问题。把总体债务的年化增长与延后10个月的GDP增速做相关分析，发现二者有明显的相关性，走势完全一样，这说明中国经济是靠债务驱动的。所以中国的去杠杆是一个非常严峻的挑战，经济增长靠的是债务，债务增加杠杆。

中国的债务密集度仍在上升，而且波动很大。债务密集度高于债务率，债务密集度会转化为债务率，债务率又支持着债务密集度，二者是相关的，刚才韩文秀主任也讲到流量、存量互相激发和转化的问题。这告诉我们，中国的杠杆率还在上升，只要使用原来的经济增长方式，即靠债务来支持经济增长，杠杆率还会上升。换句话说，主要依赖需求政策支持经济增长，会是一个杠杆率不断提高的过程。

全球都存在这种情况，债务风险仍在积累。IMF 数据显示，截至 2018 年 4 月，全球债务水平高达 320 万亿美元，远超 2007 年底的 237 万亿美元，同比增长了 83 万亿美元。现在全球金融在动荡，带动实体经济也在动荡，金融的问题根本没有消除。

比较下全球杠杆率，发现金融危机之前杠杆率相对平稳，危机之后都在上升，其中新兴经济体上升得最快，当然主要是中国的杠杆率在上升，说明我国债务问题还没有改善。

宏观杠杆率有两个指标，一个是实体经济的杠杆率，即非金融部门杠杆率；另一个是 M2/GDP。实体经济杠杆率和 M2/GDP 开始出现剪刀差，背后反映的是中国金融结构的变化。中国很多实体企业越来越不依赖正规的金融部门融资，而是通过影子银行。从这两个宏观杠杆率走势的差别可以看出中国金融结构的变化。

三、坚持结构性去杠杆的方向

中国去杠杆是一项长期任务，包括五大重点。

第一，国企，特别是"僵尸"企业。2018年12月4日，国家发改委等11部委公布《关于进一步做好"僵尸"企业及去产能企业债务处置工作的通知》，强调了去杠杆的重点在企业，企业的重点是国企，国企的重点是"僵尸"企业。

第二，地方政府。这个问题复杂一些，要厘清政府和市场的关系，厘清中央政府和地方政府的事权、财权关系，树立正确的政绩观。

第三，加强对"大资管"行业的监管。从2017年11月到现在将近一年的时间里，关于"大资管"的风风雨雨基本尘埃落定了，新出台的资管新规总体来说还不至于造成新的恐慌，还会让资管行业正常发展，资管行业对应的大部分就是影子银行。

第四，风险处置。所有这些最后都需要算账、腾挪、冲抵，杠杆率中有很多是非经营性、非营利性的，这部分是要填补的，所谓"僵尸"企业就是有大量不良资产的企业。从这个意义上来说，在国家资产负债表的架构里讨论中国金融风险是对的，因为这个表会告诉我们，有多少资产可以用来处置债务。

第五，杠杆率是债务对GDP之比。去杠杆有分子对策和分母对策，分子对策要减少分子债务，分母对策又要增加分母GDP。中国是债务驱动型经济，要想让GDP增长就要使债务增加，所以二者是矛盾的。这也决定了去杠杆是一项长期任务。

2018 年的中央经济工作会议关于去杠杆指出，要坚持结构性去杠杆的基本思路。从单纯去杠杆，到结构性去杠杆，再到稳杠杆，然后回到结构性去杠杆，中国去杠杆政策已渐趋稳健、理性和协调了。这同时意味着中国去杠杆是一件长期的事情，大家不要轻言已经完成了。前一段时间有人对央行的稳杠杆政策解读不当，认为问题已经解决，可以加杠杆了，这是不对的。由于我国是债务驱动型经济，鉴于前面分析的矛盾，去杠杆这项任务是很艰巨的。回过头来看，发达经济体也进行了十年了，这也许是一个规律，我们也没有什么特别不当的地方。

【聚焦】

《中国国家资产负债表 2018》新书发布

张晓晶

尊敬的谢院长、韩主任、李扬老师，各位嘉宾：

大家好！下面由我汇报一下我们团队的成果。我们花费了很大的气力来做这项研究，有一些发现，也有一些启示，特别是对于中国经济发展中的一些问题有深刻认识。

先简单介绍这项研究成果的社会影响，特别是在国家资产负债等领域的话语权。我们以"中国国家资产负债表"为总题目在中国社会科学出版社出版了三部专著，德国施普林格出版社出版了我们英文版的图书。目前两本英文译著已经问世。我们这项研究受到国际上的关注，比如国际货币基金组织，国际主流的杂志等都引用了我们的数据，还有《21世纪资本论》《新国富论》等研究文献也引用了我们的数据和方法。

下面进入正题，看一下我们的研究所展现的国家账本。

第一，考虑总量规模。国家大账本显示我国社会总资产约为1200万亿元，其中，社会净财富为437万亿元，总负债约700余万亿元。而"净财富＝非金融资产＋对外净金融资产"是基本的恒等式，社会净财富437万亿元中非金融财产是424万亿元，对外净金融资产是13万亿元。社会总资产也可以分为非金融资产和金融资产，前者是424万亿元，后者是786万亿元。还有比较重要的数据是财富的分配，包括政府部门和居民部门，前者是27%，后者是73%，即政府掌握了近三成的社会净财富。

韩主任在2014年就指出"中国已进入存量赶超时代"。我们过去总是用GDP指标衡量一个的国家综合国力，说我国世界排名第二时，强调的都是GDP指标，几乎没有强调过财富存量指标。但是今天，我国的财富存量也是世界第二，而且财富存量指标比 GDP 指标展示出的国力更接近于美国。按照 GDP 指标，我国 2016 年 GDP 数据相当于美国同期水平的 60%。按照世行、联合国都在研究的包容性财富指标，我国相当于美国同期水平的 68.3%。按照社会净财富指标，就是刚才提到的非金融资产加上对外净资产的数据，我国相当于美国同期水平的 70.7%。以上比较的数据用的是 OECD（经济合作与发展组织）统一标准的数据，如果美国的财富数据来自 BEA（美国经济分析局），则其数据是 97.4 万亿美元，比现在的 89 万亿美元高。按照这个指标来衡量，我国相当于美国同期水平的 64.7%，相较于 OECD 的数据会稍低一点，但都是六成以上。不过，如果我们对财富结构进行细分会发现，从资源配置效率和未来的发展潜力角度来看，中国的财富总量数据并不像我刚才说的那样乐观，而是存在一些问题。

存量财富的比较较流量的比较更为复杂，不同方法估算的财富存量其实差异非常大。诺贝尔奖得主阿罗的估算是比较早的。根据他的数据，2000 年中国全部财富约为 20 万亿美元，美国全部财富约为 85 万亿美元，差距为 3 倍有余。世行 2011 年的估算显示，2005 年中美财富存量差距更大，中国全部财富约为 25 万亿美元，美国达到 217 万亿美元，其中最大的差距是无形资本。这里的无形资本不是无形资产的概念，不是知识产权、商标，而是一个逆推的过程，即根据消费的情况、折现率等，通过比较复杂的方法倒算出的所有黑箱，即不能解释的部分，一般而言就是人力资本和制度资本。而我们国家资产负债表的编制并没有采用这种方法，我们没有无形资产的比较。实际上，我们与美国的财富存量并没有那么大的差距，我们的研究与联合国所谓包容性财富的测算比较接近。包容性财富包括人力资本、生成资本、自然资本三部分。过去我国的人力资本和美国相差较多，现在可能采用了新的估算方法，我国的人力资本数据跟美国比较接近，而美国的自然资本比我国高一些，最后估算出当前的财富存量数据，中国约为 60 万亿美元，美国约为 88 万亿美元，跟我们国家资产负债表中估算出的结果很接近。

以上分析说明，关于财富的比较不能简单地拿某一组数据做定论，因为不同的方法会带来不同的结果，所以我们用数据进行分析时要比较谨慎。

第二，考虑财富分布。刚才提到我国政府净财富占社会净财富三成左右。2000 年政府掌握的财富占社会净财富的 25%，之后上升，现在又有所下降。国际比较来看，各国数据也符合我们的直觉。发达经济体的政府净财富占比很少，甚至是负的，美国、英国基本是 -9%、-6%，日本、德国政府净财富占比为正值，但都不足 5%，所以这是一个非常鲜明的特点。中国政府资产净值占比明显高于发达经济体，我觉得原因有二个。一是我国政府主导的经济赶超自然会形成很多政府性的资产，包括国有企业扩张、地方发展负债形成的基础设施；二是我国以公有制为主体、土地国有，也使得这些资源作为政府的资源纳入估算，使得政府资产规模比较大，而西方的发达经济体一般是公共财政，不是生产性的财政，不可能形成大量资产，同时土地私有化、国有企业占比很小，这些都决定了政府的净值较低，甚至为负。

如果更换一个指标，不是考虑政府财富占整个社会财富的比重，而是考虑政府财富占 GDP 的比重，则数据显示中国不是比重最高的。根据估算，中国政府财富占 GDP 比重约为 160%，与韩国、南非接近，而很多资源型国家，如挪威、俄罗斯、澳大利亚等，其政府净值占比要比我国高得多，其中挪威占比最高，超过 300%。

如何评价我们的财富分布？一是从风险角度，二是从效率角度。从风险角度，政府掌握大量资源可以在经济低迷、遇到风险时，较好地应对风险。但同时，由于政府掌握太多资源，特别是政府直接拥有和配置资源，导致配置效率也有所下降。未来在这方面要有所改变，也应从这个视角来推进改革。我们的国有企业股权是政府净资产的重要构成，所以国企改革、僵尸企业的退出等，也是我们优化配置政府资产的题中应有之义。

第三，考虑财富收入比。也就是韩主任谈到的存量和流量之间的关系。一般而言，流量即收入，收入是由财富带来的，就是财富的收益，慢慢累积成收入流。中国的财富收入比变化是很大的，从初期不到 400%，到现在超过 580%，接近 600%。这样的变化是什么含义呢？如果将财富收入比换成大家比较熟悉的概念，即资本产出比，这是效率的含义，也就是我们的财富产生了多少收入。过多的财富产生了较少的收入，这表明我们的效率其实不是很高。那么中国的财富收入比为什么如此高？我们比较各个部门，包括政府部门、企业部门、居民部门等，发现最核心的问题在于企业部门。实际上近年来我国企业部门的总资产占 GDP 的比重上升得非常快，2000 年时我们跟英国、德国相近，但是 2008 年以后企业部门占比大幅攀升，导致非金融企业部门的财富收入比大幅上升。其原因可以从两个角度理解，一是无效投资，大量僵尸企业实际上已经变成无效投资，但是账面上财富还是存在的；二是财富积累的方式，我国是高储蓄、高投资，自然会形成大量的企业存量资产。未来降低财富收入比的关键是提高非金融企业生产效率、降低无效投资，同时要改变投资拉动的增长模式。

财富收入比还有一个含义，关系到我们现在讨论得特别热烈的问题：为什么我们的宏观杠杆率那么高，而微观杠杆率跟国外相比却没有很大区别？如果考虑到我们较高的财富收入比就非常容易理解了。实际上，经推导可得出"宏观杠杆率 = 微观杠杆率 × 财富收入比"的公式。如果我们的微观杠杆率跟国外相比处在同等水平，则财富收入比越高，宏观杠杆率就会越高。财富收入比是效率的衡量指标，也就说明效率不足导致了宏观杠杆率上升。

第四，考虑资产增速。2016 年末我国非金融资产 424.6 万亿元，是 2000 年的 11.3 倍；金融资产 786.4 万亿元，是 2000 年的 15 倍。所有资产中金融资产增长最快，其增长速度基本上都高于非金融资产的增长速度，也高于 GDP 的增长速度，且 2012 年以后就一直处于高速增长状态。这是非常明显的特征，因为 2012 年以后我们进行了大量的金融创新。

金融资产增速显著高于非金融资产，金融行业增加值占 GDP 的比例也快速上升，并且在 2015 年超过很多发达经济体成为世界第一。金融业增加值为什么会增长这么快？我想可能有如下因素：一是政策导向，我们的五年规划都希望服务业增加值不断提高，而金融业增加值的提高是服务业增加值提高最容易、最便捷的方式；二是 2012 年以来有大量的金融创新；三是我们拥有较少的金融资产，但是有较多金融业的增加值，说明金融服务实体经济的成本较高；四是未经风险调整也是重要原因，欧元区的模拟显示，如果进行风险调整，金融业增加值会下降至少 40%。以上因素都导致金融业增加值非常高。

第五，考虑房地产。网上很多信息是以讹传讹，关于中国房地产的价值估算得过高，约为 65 万亿元，而根据我们的估算不到 30 万亿元。为什么市场上对房地产价值的估算这么高？我想原因至少有二个。一是估算时没有考虑折旧，其实中国房地产折旧比较快；二是考虑折旧但使用的折旧率较低。所以从折旧率、房屋质量的角度看，房地产价值应该是被高估了。

再考虑居民住房资产占居民总资产的比重，我们给出的数据显示，居民住房资产占居民总资产比重是下降的。很多人质疑难道住房价值在下降吗？房价在下跌吗？其实不然，是因为居民的其他金融资产在上升。回应之前提到的金融资产快速上升，也包括居民金融资产的上升，稀释了房地产领域的资产占比。

第六，反思"大力发展直接投资"。国家资产负债表的研究能够帮助我们厘清一些概念。按照不同的概念来衡量，中国直接融资的比重会有所区别。如果只是按照狭义指标来衡量，中国的直接融资占比是最低的。但是如果按照著名学者格利（Gurley）和肖（Shaw）的理论，我们直接融资比重甚至超过了美国。根据格利和肖的定义，只要是来自金融部门、中介部门的融资，全部都看作间接融资，其他部门看作直接融资。按照这样的指标，我们直接投资比重会达到42%。我们的团队指出，该定义认为被金融中介持有的属于间接融资，但是由于我们大量股票和股权并没有被金融中介持有，而是被政府直接持有，因此保证了在此标准下中国直接融资占比是最高的。所以，我们要反思一下现在所谓的"大力发展直接融资"是要发展什么？我认为最核心的是突出市场在金融资源配置中的决定性作用，而不是局限于某个定义，按照某个定义发展直接融资。因为现在更多强调的是金融功能，直接融资和间接融资的定义在经济学、金融学的理论层面上是有一些过时的。

第七，考虑投资与价值重估在财富增长中的作用。我认为财富增长包括两个原因，一是减少消费、增加投资，慢慢就形成资产，二是估值的变化，这一因素使得我们对任何存量财富都要保持谨慎的态度。对于全部非金融资产，2000～2015年这15年间，平均每年增长23.0万亿元，其中有68%（约15.7万亿元）来自投资，其余32%（约7.3万亿元）来自价值重估。企业上市后估值提升、住房价格上涨等是价值重估的主因。居民和政府净金融资产的价值重估贡献分别为53%和88%，即他们所持有的金融资产增加的部分都有一半以上的比例来自资产估值的上升。

第八，关于政府资产净值。一方面，政府的负债不断上升，从2000～2016年负债扩大了13倍，资产扩大了12.8倍，扩大程度相近。但现在很多分析只关注负债层面，其实是有偏颇的，事实上负债和资产的增长速度是差不多的，负债的同时也形成了资产。另一方面，我们很多政府的资产净值还没有考虑到其他因素。一是未直接计入的各类隐性债务，包括地方政府隐性债务、融资平台，也包括机关事业单位养老保险的缺口，还有僵尸企业的无效资产。虽然我们看起来有120万亿元的政府资产净值，但考虑这些因素后可能会有所下降。根据我们的假设和估算，最终采用的政府资产净值数据大概是25万亿元。需要注意的是，机关事业单位养老保险缺口是直接计入政府债务项的，如果从国家资产负债表的角度来看，缺口数据进入政府部门的同时会进入居民部门的资产项目，会成为居民的资产。仅从政府部门来看，我们的资产净值会下降，但从全社会来看是没有变化的。二是政府资产的流动性，考虑这些资产是否有足够的流动性，在出现问题时能否及时变现。在接近120万亿元的净资产中，剔除变现能力较差的非金融资产，余下净金融资产是73万亿元，其中国有企业股权为52万亿元，占政府净金融资产的44%，而非金融资产中的国有建设用地，即政府的土地储备占政府非金融资产一半以上。总体来讲，政府资产的变现能力还是相对较强的，此外我们还有外汇储备。三是资产价格的顺周期性，之前提到估值的变化会影响到资产的价值，非金融资产约有三成受估值影响，金融资产超过一半以上受估值影响。

因此如果经济面临下行周期，需要对可能的金融风险有更充分的准备，不能满足于拥有较大规模的资产净值，当前接近120万亿元的政府净财富也会受到很多冲击。

最后做一点总结，通过国家大账本我们能够得到哪些启示，主要包括六个方面。

一是从财富积累的角度，我国经历40年的发展，"家底"越来越厚，GDP接近于美国的60%，社会净财富接近于美国的70%，与GDP指标相比，财富指标所衡量的综合国力更接近于美国。

二是大量财富积累与中国的高储蓄、高投资有密切关系。随着逐步进入消费驱动增长的模式，我们认为财富积累的速度将会放缓。发达国家就是类似情况，其财富积累的速度在放缓，远比不上中国的速度。

三是资产负债表视角下的债务风险。不仅是从负债、杠杆率的角度，还需要从资产的角度来考虑，我们的资产增速和债务增速其实是基本持平的，政府部门的情况尤其明显。

四是中国的高杠杆之困实为体制之困。我们也做了一些国际比较，发现实际上中国高杠杆的根本原因在于体制，而不在于现在大家热烈讨论的融资结构等问题。典型的案例是德国，德国就是以银行为主导的间接融资体系，但德国无论是企业杠杆率还是总杠杆率都非常低，企业杠杆率甚至不到 60%。所以根本原因在于体制，体制问题至少有三方面：①地方政府、国有企业的软预算约束与隐性担保；②金融机构的体制偏好及背后的政府兜底幻觉；③赶超冲动以及央行货币政策独立性不够。

五是政府拥有近 120 万亿净资产，可应对经济金融领域的"惊涛骇浪"。但考虑到地方隐性债务和养老金缺口、资产价格的顺周期性，以及僵尸国企所形成的无效资产，我们需要对当前的政府资产净值持谨慎态度。

六是长远看，不能满足于财富规模，存量财富的优化配置才是迈向高质量发展的关键。这包括减少政府对资源的直接配置、创新配置方式，更多引入市场机制和市场化手段，提高资源配置效率和效益。这是从另一个角度来诠释存量改革。

我的发言到此结束，不当之处请大家批评指正。

【言·论】

白重恩

由李扬教授牵头编制的中国国家资产负债
表对学术界来说是特别重要的贡献，是一个基
础性的贡献，使我们看很多问题都有了基础和
依据，根据这些依据来做自己的判断。其中有
一些内容对我的启发特别大。

就财富的效率和财富的分配谈一点自己的体会。刚才李扬老师和
晓晶介绍报告时谈到，我国财富的效率和其他国家相比是比较低的，
而且还在下降。我们的一些研究和这个观点不谋而合，我想从另一个
角度跟大家分享一下我们的研究结果，也从另一个角度分析一下财富
的效率到底怎样影响经济增长，以及财富效率变化背后的一些原因。

对 GDP 做核算，考虑到要素积累和效率提高对经济增长的贡献，
会看到其中有一项是资本产出比增加了。这里的资本是全社会的总资
本，和资产负债表里的总资产有一定的对应关系，是根据过去的投资
进行折旧、调整价格以后算出来的。

改革开放的前 29 年，即 1978~2007 年，资本产出比变化不大，
每年只变化了 0.62%。如果当时有资产负债表的话，我猜测财富效率

也基本是平稳的。但是 2008 年之后发生了变化，资本产出比每年以 4% 的速度在增加，即经济每增长 1 个单位会多消耗 4% 的资本，资本的增长和资产负债表里资产的增长是同步的。这也反映了资本产出比的增加相当于财富效率在降低。

类似现象掩盖了经济中的一些问题。比如 2008~2017 年，平均经济增长率是 8.2%。如果分解一下，人力资本积累带来的增长是 1.04%，全要素生产率带来的增长是 3.12%，除此之外，3.94% 的增长来自资本产出比的增加。虽然带来了短期增长，但是背后隐藏了几个问题：一是这样的增长是不可持续的；二是掩盖了效率提升速度大幅下降的问题。尽管效率提升的速度大幅下降了，但是经济增长速度并没有下降得那么快，但也是不可持续的。当资本产出比稳定后，如果效率还不能提高，经济增长速度就会大幅下降。

更直接地看财富的效率。财富的效率和资本的回报率是相关的，用 GDP 的核算数据来估计资本，可以测算出资本的回报率。税前和税后的资本回报率在 2008 年是一个分界点，2008 年之前下降趋势没那么明显，之后下降趋势变得很显著了，所以 2008 年之后财富的效率下降得也比较快。但 2017 年资本回报率突然提高了，全要素生产率也提高了，还不知道是什么原因引起的，如果核算数据是准确的，这是一个很好的消息，说明 2017 年效率整体有提升。但还是有点担心，需要对核算数据做更深入的研究，才能知道后面真正的情况。

2008 年之后，资本回报率为什么会下降？刚才晓晶也讲到，我们还存在财富分配的问题。与其他国家相比，我国政府所拥有的资产是比较高的，还有一部分资产介于政府和市场之间，刚才韩文秀主任也谈到，融资平台这部分到底应该算政府还是算企业，希望对此做进一步研究。

我们找了所有的发行债券的企业，只要企业发行债券就有责任丰富自己的资产负债表，就可以算出投资回报率。我们把所有发行债券的企业分成两类，一类是发行过城投债的企业，我们把它们认定为融资平台，其他企业归为另外一类。最后发现发行过城投债的企业资产回报率明显低于其他发债企业。2016 年之后，其他企业的资产回报率已经有所回升，但是发行过城投债的企业的资产回报率还在继续下降。对于这两类企业资产回报率的差异我们要谨慎地解释，因为发行城投债的企业的投资可能有一定的外部性，它的社会贡献不一定能够由资产回报率完全体现，也有很多研究指出，外部性不能完全解释两类企业资产回报率之间的差异。发行过城投债的企业的资产效率可能会低一些，这也可能是 2008 年以后，整体的资本回报率在下降的一个重要原因。

再看发行城投债的企业在发债企业中的占比，地方融资平台的总资产占所有发债企业总资产的比重在 2006~2017 年是增加的，但是2018 年相比 2017 年是下降的。刚才说过地方融资平台的投资回报率相比其他企业是比较低的，而在发债企业中所占的比重却在上升，这对于财富效率的提高可能不是一个很有利的现象。

既然财富的不同持有者产生的效率不一样，就要考虑一下对我们的政策有什么含义。2018 年很多人在讨论减轻企业负担，也就是降低企业的税费，但是有财政专家指出，要降低税费就要减支，否则会增加政府赤字，减收必须和减支一起做。但是在这样的经济环境下，减支可能也是一个问题。如果政府减收不减支，是不是一定会增加政府的赤字，一定会增加债务呢？这就要看资产端，因为这是一个平衡。政府持有大量的公共资产，如果用资产来支持减收，就可以在不增加赤字、不增加债务的情况下实现减收。

比如很多人提到用国有资产来支持社保，可以给社保创造降缴费率的空间。因为国有资产的注入，可以不需要减支，待遇也可以不受影响，但是可以降低缴费率，减轻企业负担，增加居民的可支配收入。这就是财富的再分配，把政府拥有的资产注入社保基金中，社保基金又发放给居民，社保基金减费给居民和企业都带来好处。这实际上就是资产的转移，资产从政府手中转移到居民和企业手中。如果资产持有在政府手中利用的效率不是太高，转移到居民和企业手中利用效率能更高一点，那这就不是一种简单的转移，而是会提高效率。

听了国家资产负债表的研究，我在这方面的信念更坚定了。

余永定

首先对李扬、晓晶所带领的团队表示祝
贺，这是非常了不起的工程，为我们下一步的
研究奠定了基础，如果没有这些基本的数据，
很多研究都将止步于猜想。我想谈一下最近研
究的一些问题和想法，由此证明他们的研究是
多么重要。

要想考虑中国长期的经济增长，就要对为经济增长做出贡献的因
素进行分解和分析。在这方面，重恩教授是专家，我经常拜读他的大
作，晓晶和李扬他们也做了很多的工作。举例来说，英国政府还有其
他一些国家对经济增长做了简单的分解，并提出了几个角度。一是重
恩教授经常研究的全要素生产率，非常重要。二是把资本存量分成两
部分，一部分是普通的资本存量，另一部分是 IT 产业的资本存量。
把 IT 产业的资本存量单独划分出来之后，就明显看出 IT 产业对经济
增长的贡献实际上非常大。尽管非 IT 产业的数量庞大，但是 IT 产业
对经济增长的贡献跟非 IT 产业至少是一样的，在有些国家甚至更大。
如果没有国家资产负债表，我们就很难做这类进一步的分析了，所
以，他们的工作为我们分析长期经济增长潜力的重要因素做出了非常

重要的基础性贡献。

根据前几年美国世界大型企业联合会的数据，中国的全要素生产率增长速度在持续下降，全要素生产率是经济增长非常重要的贡献因素，为什么会持续下降呢？没有国家资产负债表的资料，我们只能设想，我设想了一个可能性，就是房地产投资在中国经济中所占的比重太大。在一定程度上，中国经济是房地产投资驱动的经济。何以见得呢？我们有很多实际经验，全国很多小城市有高楼大厦，而欧洲大国却没有几座，比如法兰克福，从德国中央银行的窗户向下看，跟在舟山群岛所看到的楼宇是差不多的。2013 年中国已经建造了 696 座五星级酒店，在建的还有 500 座；470 座摩天大楼，在建的还有 332 座，超过美国，那时中国人均年收入只有 7000 美元。中国在之前的发展中，把太多的资源配置到房地产投资了，它们变成了房产，而不是配置到其他领域，变成机器设备，这可能会对中国经济增长的潜力有很大影响。

经济增长肯定不能建立在钢筋水泥的基础上，我国目前资源大量停留在建筑业，而没有转化成科技能力，没有转化为高端制造业。比如芯片产业，虽然我们已经能制造很好的芯片，但 95% 以上的设备是进口的，我们在这方面的能力非常差。如果还是持续不断地投资房地产，而不投资这些领域，中国经济以后的潜力就值得担忧了。

所以我们面临一个转型的问题，要逐渐把资源更多地配置到其他领域中去。美国居民住房投资占 GDP 的比重仅为 3% ~ 5%，而中国超过 10%。还有一些其他资料显示中国房地产投资占 GDP 的比重太高，在固定资产投资中的比重太高。把房屋作为一种资产，估算其占 GDP 的比重，之前没法进行计算和比较。有了这份报告之后就可以比较了，可以分析出很多内容来。房地产投资过多，除了 GDP 占比太高之外，更重要的是 2003 年房地产被定义为"支柱产业"，既然是支柱产业，其他产业就会受到房地产业的影响。可以看到很多产业是房地产兴就兴，房地产衰就衰，比如钢铁和房地产开发、制造业投资和房地产开发都是密切相关的。如果我们不改变过去以房地产投资驱动经济的做法，中国经济发展的前途就堪忧。因此我想强调，没有你们的研究，很多后续工作将难以推进。

此外还想强调一下，过于看重房地产调控，这对货币政策产生了不良影响。对大多数西方国家而言，金融危机爆发之前的主要标志就是通货膨胀，保持经济稳定就要保持物价稳定。美国更多考虑就业，澳大利亚、欧洲只考虑物价稳定。之前与日本经济学家做过一次讨论，他们认为日本目前通货膨胀率太低，要不惜一切代价把通货膨胀率提高到 2%。所以对大部分国家及地区而言，重要的还是物价稳定。

我认为目前中国人民银行的货币政策目标太多了，多得无法操作，甚至抑制房地产价格上涨都成为中央银行重要的货币政策目标。而房价变动似乎是有周期的，房价增长速度在 2013 年前后达到顶峰，在 2016 年达到另一个顶峰，2012 年和 2014 年则是增速低点。我把房地产价格增速变动的周期和货币调控的周期进行划分，总而言之，货币松紧都与房地产价格增速高低密切相关。

货币政策不同目标之间存在矛盾，无法同时满足。当经济增速很高、出现通货膨胀的时候，需要紧货币，经济增速过低、出现通货紧缩时，则需要松货币。上述政策选择比较容易。但过去十年很多情况下，经济增速很低时却在紧货币，因为经济增长速度很低或者比较低时，房价很高，所以无暇调整经济增长速度，而要管控房价。美国、日本没有这种情况，就一直松货币，到经济稳定后再开始紧货币，而我们的货币政策松紧变化频率较快，这是非常大的问题。哪怕松货币时，由于担心房地产价格上涨，政策执行力度也不够。

刚才李扬教授讲了很多对中国经济形势的基本看法，我认同他相对乐观的情绪。中国的问题没那么严重，严重的问题可能不在大家担心的地方。比如去杠杆的问题，我们应该注意这个问题，但中国是高储蓄国家，有大量的国有资产，我们经常高估发生危机的可能性，年年预测经济危机，年年如此。但现在经济增速下行，要警惕经济增长放慢的问题。我认为，房地产泡沫、地方融资平台、影子银行等问题都不是最重要的，都是可以克服的，关键是要扼制住经济增长持续下行的势头。这里存在很多改革问题，其中之一便是应否降低房地产投资的增速。

总而言之，李扬教授团队的研究报告为我们以后比较细化的分析奠定了坚实的基础，在这里向他们表示衷心的感谢。

许宪春

尊敬的谢院长、韩主任、李教授，各位嘉宾，大家好。非常荣幸参加《中国国家资产负债表2018》的新书发布和高层论坛。我谈几点体会。

第一，谈一谈编制国家资产负债表的意义。十八届三中全会通过的《中共中央关于全面深化改革的若干重大问题的决定》，提出了编制国家和地方资产负债表的任务。我认为国家资产负债表的编制有如下重要意义。

一是提供了非常重要的总量指标。国民经济核算包括五大重要统计指标，即国内生产总值、国民总收入、国民可支配总收入、国民总储蓄和国民财富。前四个指标是流量指标，最后一个指标是存量指标。这些指标概念是相通的，彼此之间存在非常密切的联系。按照国际标准的定义，国内生产总值是一个国家所有常住单位在一定时期内生产活动的最终成果。国民总收入是一个国家所有常住单位在一定时期内收入初次分配的最终成果。国民可支配总收入是一个国家所有常住单位在一定时期内收入再分配的最终成果。国民总储蓄是一个国家的国民可支配总收入扣除消费支出之后的结余部分。国民总储蓄的规模直接决定了非金融投资和净金融投资的总量，而非金融投资意味着非金融资产的增加，净金融投资意味着净金融资产的增加，所以国民总储蓄在很大程度上决定了一个国家国民财富的变动量。流量指标从流量角度反映国民经济的运行状况，存量指标从流量积累的角度反映国民经济运行的结果，所以流量指标和存量指标密切结合起来，能够比较完整地刻画一个国家的经济运行情况，以及经济运行的结构和质量。

所以，李扬教授牵头编制的国家资产负债表是非常有意义的。其实国家统计局从 1997 年就开始编制国家资产负债表，按照十八届三中全会的要求，目前已经编制出了 2015 年的国家资产负债表，但是一直没有对外公布。而中国社会科学院和国家金融与发展实验室作为重要智库，编制的国家资产负债表可以弥补政府统计的空缺，提供一些非常重要的总量指标，提供重要的观察经济的新视角。某种程度上说，国家资产负债表提供的国民财富指标比 GDP 更重要。因为一个国家的经济实力不仅体现在当期创造多少价值、当期的收入有多少，更体现在历史积累下来的财富有多少。改革开放 40 年来，我国经济以平均 9.5% 左右的增速在增长，西方任何一个国家都不如我国经济增长得快。但是我国肯定没有美国、欧洲一些国家那么富裕，因为这些国家有长期的财富积累，而我国财富快速积累的时间很短。所以我认为国民财富在一定程度上比国内生产总值、国民总收入等流量指标更重要。

二是提供了非常重要的结构性指标。国家资产负债表提供了国家和各个部门的资产结构，包括有多少非金融资产，有多少金融资产；非金融资产中有多少固定资产、存货、其他非金融资产；金融资产中有多少通货、存款、股票、债券等。国家资产负债表也提供了负债的结构性指标，包括各种类型负债分别有多少等。

三是提供了国民财富的部门分配状况。刚才晓晶展示了国民财富的分布，其中居民部门占比73%，政府部门占比27%，这是很重要的信息。一个国家的国民财富如何在居民和政府之间进行分配是很有意义的，国家资产负债表中的这些指标对观察经济是非常有价值的。感谢由李扬教授牵头，晓晶等团队成员所做的重要工作，祝贺他们取得了丰硕的研究成果，这些成果弥补了政府统计尚未提供的信息。

第二，编制资产负债表具有很大的挑战性。国家统计局一共制订了三套国民经济核算体系，第一套是1992年国务院颁布的，第二套是2002年八部委共同颁布的，第三套是2017年经国务院批准国家统计局颁布的。这三套体系都把资产负债表作为重要组成部分，但是一直没有发布数据，可见这项工作是有难度的。最重要的难点包括三个方面。

一是资产负债范围的界定问题。所有国家编制资产负债表都面临如何确定资产负债范围的问题，资产负债范围决定了资产、负债的规模和结构，进而决定了国民财富的规模和部门分布。但是范围的决定并不简单，因为许多资产、负债不容易确定，比如土地、森林、草原都是资产，但都需要纳入资产负债考量吗？国际标准是比较明确的，今天发布的报告也写得很清楚，一定要有机构拥有、持有，并因拥有、持有能够获得经济利益才可以纳入资产。我曾向国际专家请教过，故宫拥有大量的文物，要不要编进资产负债表？国际专家认为，如果能交易就放在表里，如果不能交易最好不要放进去。实际编表过程中，会遇到许多困难与问题，比如金银珠宝、珍贵字画、商标商誉等，所以资产负债的范围是非常难界定的。

二是估价问题。许多资产并没有在市场上进行交易，这与 GDP 不同。GDP 最基本的原则就是市场原则，绝大部分货物和服务都是经过市场交易的，因而存在公认的市场价格。而资产，尤其是许多非金融资产根本没有进行市场交易，从而找不到相应的市场价格。国际标准和其他国家都提供了一些方法，每种方法都有一定的难度，而且测算结果往往是不同的。

三是资料来源问题。许多资料难以获得，获取不到的资料就得靠推算。因此资产负债表的编制非常困难，非常具有挑战性。

第三，这是李扬教授的团队出版的第三本有关中国国家资产负债表的书，这本书在编制方法上做了许多新的探索，归纳了八个方面。我有两点比较深的体会：一是与国际标准更加接近，比如部门资产负债表与国家资产负债表之间具有一致性，过去还不具有这种性质；二是区分了资产负债存量变动的因素，其中有交易因素、价格变动因素和其他因素，这些不同类型因素对于观察资产和负债存量的变化是非常有意义的。

第四，刚才李扬教授和晓晶已经展示了这个团队取得的一系列重要的研究成果。他们编制了 2000～2016 年 17 个年度的资产负债表，提供了许多有价值的信息，比如 2016 年中国总资产是 1210 万亿元，总负债是 773 万亿元，净财富是 437 万亿元；其中非金融资产是 424 万亿元，对外净金融资产是 13 万亿元；居民和政府的净财富分配分别是 73% 和 27%。还进行了国民财富的国际比较，2016 年我国 GDP 相当于美国 GDP 的 57.2%，国民财富相当于美国同期国民财富的 70.7%。2000～2016 年，我国国民财富的年均增速为 16.5%。这些信息都是过去没有的。

最后，我认为还有许多需要进一步研究和推敲的地方。根据我对国民经济核算国际标准的理解和长期从事国民经济核算工作的体会，有以下几点考虑。

一是报告中居民部门的固定资产包括住房、汽车、农村生产性固定资产，我揣测是参照了其他国家的做法。在国际标准里，居民购买的汽车是不能作为固定资产的，不管居民购买多么高档的汽车，都作为耐用消费品，不作为固定资产。共享经济出现之后，有些家庭把汽车出租，带来一些收入，那么这种类型汽车就有了固定资产的属性。但是否把所有居民购买的汽车都作为固定资产处理，还需要考量。

二是存货。比如粮食储备，尤其是大牲畜储备等，其实这些占比不是很大，有没有必要考虑，也是一个问题。

三是其他非金融资产。现在考虑的固定资产基本上都是有形的，很少考虑无形的。但是知识产权产品在经济发展中的作用越来越重要，知识产权产品完全具备固定资产的属性。国民经济核算国际标准已经把研发、计算机软件、数据库等知识产权产品作为固定资产处理。我最近调研了6个省、市的18家新经济企业，所有这些企业都把数据作为非常重要的资产，它们都认为这种资产比传统的资产重要得多，在企业的生产经营中发挥越来越重要的作用。而且将来大数据在政府管理中也会发挥越来越重要的作用，这也是很值得研究的。目前报告中，数据库还未被纳入固定资产，而国际标准已经将其纳入固定资产。

我认为李扬教授率领的研究团队所从事的国家资产负债表的编制工作非常重要，进行了许多有价值的探索，提供了大量有价值的信息，将来还会有更多人挖掘这些信息。我也希望该团队能再进一步研究、进一步探索，推动我国资产负债表编制工作进一步发展，使之在经济分析和管理中发挥重要作用。

谢谢大家！

王毅

　　谢谢李扬老师的邀请，也谢谢谢院长和文秀主任。我很高兴参加这次会议，拿到新书以后认真学习了一下。我谈五方面的个人意见，供大家参考。

　　第一，从统计上看，编表讲究"横平竖直"。国家资产负债表做到了这点，用一套指标体系对五大部门进行分类统计，这是相当难得的，是很大的进步。此外，还倒算了自2000年以来的中国国家资产负债表，工作量相当大。我曾经做过类似课题，所以能体会到这项工作的不易。但国家资产负债表的编制成果也有改进的空间，比如实物资产，不能交易的是否还要列出？不能交易不代表不存在，按国际惯例，故宫的文物都在账面记为一元，也可以用这样的方式代表其存在。比如政府的特许权、商誉，现在会计核算中已经存在这些内容，是否考虑也应该在国家资产负债表中体现。

　　还有金融资产的分类，国际上一般分为八大类，我们现在分成十四大类，更多地体现中国金融市场的特点，这点是值得赞许的，但也有值得商榷的地方。比如中央银行到底如何划分？中央银行是行政管理部门，属于政府部门，但中央银行又是一个金融机构，有自己的资产负债表，是否应划分到金融部门？如果划分到金融部门，中央银行的资产负债和商业银行的资产负债合并冲销后，账目上就没有数字体现。因此，现在是否应当保持单独衡量还值得考虑。

再比如国际储备。国际储备在中国都体现在中央银行的资产负债表上，但大多数国家，国际储备都属于中央政府持有，体现为政府部门资产。又如中国银行投资海外"一带一路"项目，由于工商银行、农业银行、中国银行、建设银行、交通银行等大型国有银行都是财政部占股80%左右，本质上这些投资还是更多地属于政府资产。

除了指标分类值得进一步商榷和改进，计值也值得考虑。金融资产容易计值，但实物资产计值太难。比如杨浦大桥、地下铁道这些实物资产是否应该计值？若要计值的话，目前的统计基础是跟不上的。总的来说，在提供基础数据支撑和提升数据透明度上，我们还有相当长的路要走。

第二，好多专家都谈到政府负债，杠杆率是个大问题。就债务分类而言，政府部门的债务余额较多，包括隐性的、或有的。这些年政府部门的债务上升很快，这些债务如何在资产负债表里体现，是否应该在资产负债表里体现，我认为有三个层次值得考虑。一是能不能变现，如果不能变现恐怕会出现一些问题，是否能够以此作为政府债务层次划分的依据。二是有没有现金流回报，今天上午我在北京大学做关于 PPP 的讲座时提到，如果有现金流回报就不属于不良资产，但现在 40% 的 PPP 项目回报很少，完全依靠政府付费，会产生相应的风险。三是能不能交易，刚才许宪春局长说不能交易恐怕就不能计入，我觉得还是要计入，现实中我们有这些文物、这些资产，只是它不产生收益，也不能轻易处置。

第三，很多老师都谈到 40 年来 GDP 的高增长，在此背景下，我们应注意流量和存量的积累关系。在编表的技术上也有存量和流量的关系，我们将全国一年的全部资产负债核准后作为存量，第二年根据财政收支、货币信贷投放以及 GDP 的核算编制每个部门的流量表。流量表的数据叠加上一年存量表的数据就应当是下一年存量表的资产负债数据，这个方法能保证编表的可持续性，减少工作量，但还要看数据能否支撑。至于 GDP 核算，大家都会提"三架马车"，分别是投资、消费、出口，这是一个流量的分析框架，那么流量和财富存量的分析框架如何衔接呢？只有指标相互衔接，分析框架才能衔接起来。要在 SNA 体系上挖掘存量和流量分析框架的统一，今后恐怕还有很多理论探索和实际操作的工作要做。

第四，很多国家在编制资产负债表的同时也编制财务报告，特别是由政府部门编制财务报告。我们国家发布了《政府会计准则：基本准则》和《政府综合财务报告编制操作指南（试行）》，财务报告编制时，对财政收支的衡量由收付实现制改为权责发生制。我们较难判断财务报告和资产负债表孰优孰劣，最好是将按历史成本法核算的财务报告和按市场公允价值计算的资产负债表结合起来研究。

第五，这项课题尝试延伸到机关事业单位，研究养老金中的隐性债务。课题测算 2016 年机关事业单位养老金存在 24.9 万亿元的缺口，占当年 GDP 的 33.5%，规模非常大。未来或有的政府负担、或有的债务恐怕也要被纳入分析框架和体系中，不能把或有债务都当成隐性债务，因为或有债务和养老保障制度设计是密切相关的，最后不一定形成债务。中国人口老龄化速度加快，未来的养老负担一定要被纳入分析框架中。国外把或有的债务和现在的资产负债表一起建立核算矩阵进行考虑，我认为是可借鉴的，或有债务的衡量和最终的负担能力还是要靠制度设计。

最后我想向李扬老师和他所带领的团队持之以恒的工作表示敬意。每当看到这些研究，我都会想起年轻时读的《万历十五年》，在张居正那个时代他们已经意识到用数据治理国家的重要性。现在也是用数据治理国家，技术进步得很快，但实践应用还不够。用数据治理国家，不是说要采用区块链、云计算、大数据等新技术，而是首先要真正扎扎实实地编好基础报表。

刘元春

我们也在研究这个问题，这些年一直受惠于国家金融与发展实验室对国家资产负债表的持续研究和编制。李扬老师团队的这本书所提供的参数是很重要的参照系。研究杠杆率、研究资产与负债的一个很重要的角度是宏观视角，我们从宏观角度提出了一个很重要的问题，就是为什么要关注杠杆率。也就是说，宏观经济学需不需要关注杠杆率？假如要关注杠杆率，什么样的杠杆率才是一种合意的宏观经济调控指标？就这两个问题，我们 2018 年在《中国社会科学》和《金融研究》上分别发表了一篇文章，跟大家简单分享一下。

首先，为什么要研究杠杆率，特别是对于宏观经济理论来说。2008 年以前，宏观经济学的共识是我们不需要关注资产价格，也不需要关注其他与经济增长率、通胀率这些核心参数没有直接关联的参数，因此整个宏观经济政策采用"单一准则、单一目标"来进行。由此，2005 年时有学者讲到宏观经济学在过去 20 年已经实现了科学化，因为从 20 世纪 90 年代到 2007 年，经济控制在"高增长、低通胀、低波动"状况之下，规则化、维持低通胀的货币政策已经取得了全面胜利，但在 2008 年出现了金融危机。其中一个问题，正如伯南克和泰勒所争论的，按照货币政策规则的一些参数，2000~2008 年美国经济，乃至世界经济都没有问题，但是大危机何以发生？很重要的一点就是，我们所盯住的参数无法刻画整个宏观经济运行的状况。这里就产生了新的认知和分歧，一是不仅仅要盯住通货膨胀并采取对应的货币政策，更重要的是还要进行宏观审慎监管。同时，对于货币政策的目标大家也存在严重分歧，甚至美联储、英格兰银行，都已经对整个货币政策框架产生了怀疑。

传统上存在一种事后清理的理论，即不关注这些对潜在经济增长和经济健康运行没有实质性影响的参数，只要在危机之后再来处理它们就可以了，不必进行事前监控。但如今，事前监控是必需的。通常来说监控对象是"三率"（存款准备金率、利率和汇率），监控的核心是杠杆率。为什么要监控杠杆率？最直接的原因就是要防范系统性金融风险，再进一步讲是跟经济增长率有关系。在这种思路下，大家就试图建立一个桥梁，探究杠杆率跟经济增长率之间的关系。正如刚才韩文秀主任提到的，什么样才是合意的杠杆率？简单说，就是能够支持可持续的、最优经济增长的杠杆率。

那么，杠杆率跟经济增长率之间是否有关联？存在这样一种说法，在一个国家处于市场经济很不发达、金融业很不发达的阶段时，杠杆率基本上与经济增长率呈正相关关系。也就是说，随着杠杆率提升，经济增长速度可能也逐渐增加，资本支持会越来越好，但是随着该国经济全球化、金融化的深入，真正迈入一个高速发展的阶段之后，可能会出现杠杆率低，增长率下降，但杠杆率越高，增长率就会越低的局面。因此有人讲，这是一个"U"形关系。有人总结了一系列的理论，比如 Reinhart 和 Rogoff 提出"90%、60%"标准，他们分析历史数据发现，政府债务水平超过 GDP 的 90% 后，经济增长中位数将下降 1%，那就是说"90%"是一个临界线。对新兴国家来讲，"60%"是临界线。欧盟当年的标准是每年财政赤字率不超过 3%，为何会有这样的标准？实际上一个很简单的参照系是财政的可持续性，而财政的可持续性又来源于利率和经济增长速度之间的匹配，也就是债务的可偿还性。

但是目前的情况，如欧债危机，以及我们在危机中的一些讨论，发现这些参数都不可靠。比如日本的资产负债率已经高于 440%，很多国家才 100% 多一些，但是那些国家出问题了，而日本没有。因此我们想在第二代金融深化理论和"债务 - 通缩"理论的基础上建立一个统一框架，我们认为杠杆率对经济增长的影响是动态的，并且是非线性的，不同国家或者同一国家经济处于不同发展阶段时，都是不一样的。换句话说，如果这个假定是成立的，那么我们单纯地利用历史数据、国别比较求出最优债务率可能很困难，或者求出临界值的债务管控目标很困难。我们通过研究全球 179 个国家（地区）1960~2015 年的杠杆率和经济增长的情况，利用大型的跨国面板数据进行实证分析，验证一系列参数之间的关系，最后得出以下两个结论。

结论一，杠杆率变化对经济增长和衰退的影响是非线性的，受杠杆利用效率和经济增长动态平衡的约束，同时存在发展阶段和债务类型的异质性。这也验证了高储蓄率和全要素生产率（TFP）的增长，显著降低了杠杆率对经济增长和波动的不利影响的结论。也就是如果储蓄率很高、全要素生产率处于持续高位状态时，不用太过担心杠杆率过高的问题。比如中国 2015~2016 年 TFP 值是负增长，我们测算 2017 年是正增长。为什么近两年 TFP 值正增长？原因有两点：一是供给侧结构性改革有一定效果；二是从计量的角度，用滤波法等测算 TFP 值，特别是函数法涉及尾数效应问题，有可能把明年、后年的数据加进去后才可能知道这两年情况到底如何。如果这两年的效率在提升，现在可能不用太担心这个问题。

结论二，宏观经济学必须要关注杠杆率，但宏观经济学所关注的杠杆率与现在的杠杆率不一定具有匹配性。关于一些机构给出的宏观杠杆率，比如最简单的 M2/GDP，如果央行用这个参数衡量杠杆率的话会形成误导。因为 M2 是存量，GDP 是增量，用存量和增量的混合参数来盯住货币政策不是很合适，也是我们不建议采用的方法。国际货币基金组织（IMF）给出的一个参数是信贷缺口，研究趋势值和匹配性等，不过我们觉得这基本只停留在推演层面。

另外就是债务总量除以 GDP，这个杠杆率参数既有点像宏观指标，又有点像微观指标。我们首先关注宏观资金的可持续性，宏观资金的可持续性又源于资金的使用效率和资金成本的匹配性，这是很重要的一点。只有把这点研究好了，才能真正将一些金融参数很好地"嫁接"到经济增长理论中，从而进行有关流量和存量的宏观调控。

　　这里有一个最简单的变化，宏观资产负债率就是总债务除以总资产，即负债除以 GDP 比资产除以 GDP，也等于债务率除以资本产出比。这个概念很简单，宏观资产负债率就是宏观债务率和产出效率的比值，我们所参考的文献里也涉及了白重恩老师的成果。

　　这两个参数合起来形成了宏观杠杆率。我们把世界上 179 个国家（地区）的宏观杠杆率重新梳理一下，发现往往是债务率和宏观杠杆率"双高"的国家才会出现金融危机。例如美国，危急之时债务率是 249%，资产负债率是 76%，所以出现了问题，并且目前总体还是这样。相对来说，中国的资产负债率不高，只有 61%，这几年并未涨到高位。然而为何中国的债务率处于高位，宏观杠杆率却并不高？很重要的一个原因就是资本产出比上升得太快，也就是投资和资本存量的效率大幅度下降。一些投资的确形成了资本，但这些资本的配置模式是严重扭曲的，这是造成资本效率下降的一个关键因素。因此，我们得出一个结论，债务率指标不是衡量杠杆率的完美指标。

　　其次，关注的重点应在资本产出比的提高上，而不仅仅是简单地关注杠杆率，或者说简单地关注债务率过高的问题。我们目前的债务率已经很高，2018 年底是 260% 多的水平，但是宏观资产负债率还是 60% 左右。因此这两个参数表明结构性去杠杆还是很重要的。

再次，债务的结构是关注的核心，不仅仅在于地方债务，更重要的是广义公共部门，这可能是最为关键的。刚才李扬老师和晓晶团队谈到了政府的债务率还不是太高，但是如果再叠加广义公共部门的债务率和资产负债的状况会发现情况很严重。这里又指示了一个很重要的方向，就是改善资本产出比的一个关键领域是公共部门的改革。

新时代的城镇化与高质量发展

2018 年 10 月 12 日，国家金融与发展实验室在京召开"新时代的城镇化与高质量发展"学术研讨会。会议在已有研究基础上，针对中国城镇化的成就与进展、城镇化进程中亟待解决的问题、高质量发展对城镇化的新要求以及城镇化的发展趋势进行探讨。与会专家对新型城镇化提出四点建议：一是"以人为中心"，转变政府职能；二是发挥市场合理配置土地资源的功能，促进城乡一体化发展；三是注重城市规模经济；四是重视政策公平，实现协调发展。

主要出席嘉宾

李　扬　中国社会科学院学部委员、国家金融与发展实验室理事长

王小鲁　国民经济研究所副所长

黄　平　中国社会科学院欧洲研究所所长

史育龙　国家发改委城市和小城镇改革发展中心主任

张晓晶　国家金融与发展实验室副主任、中国社会科学院经济研究所副所长

【*前瞻*】

城镇化仍将是中国经济增长的重要引擎

李扬

　　十余年来，城镇化一直是中国经济的主旋律，尽管发生了一些变化，但是"主旋律"这点仍没有改变。做研究需要查找文献，我们发现在西方的经济学文献里似乎没有太多城镇化的内容。我们后来了解了一些情况，也做了实地调研，发现还是有很多东西可以研究的。别的国家也经常有"城镇化"，法国在这件事情上的地位比较高，所以我们选择法国为比较研究的主要对象。

　　OECD（经济合作与发展组织）有一批研究人员是研究城镇化的，我率领代表团到法国、到OECD去的几次都谈到城镇化问题，OECD的城镇化标准和我国的不太一样。我印象很深的是，他们说中国的城镇化已经完成了，他们用一些硬指标来衡量，比如基础设施通达程度，中国这些年一直在搞路通、电通、水通、网通等，在他们看来这些"通"都是城镇化指标，用这些指标来衡量中国已经实现城镇化了。他们说的不是没有道理，但是在中国，这些"通"了之后还不意味着那个地方就和城里一样便利，我们的国情是不一样的。城镇化问题在中国的发展战略中特别重要，而且到现在为止我们也没有搞得很清楚，所以还值得再深入研究。这就是我们今天开研讨会的原因。

中国的城镇化最早是和工业化连在一起的，这是一个比较显著的特点。有些人说中国的城镇化落后于工业化，有些人甚至断言这是中国的问题，现在好多文献也这样说。我们觉得这正是中国的优势，正是中国城镇化得以顺利推进的一个显著特点。工业化无非就是工业集中、生产集中，生产集中人口就集中，各种服务设施就集中，在这个层面稍微进一步就是城镇化。如果工业化先于城镇化是中国的一个特色，这就是一个可以向其他发展中国家复制、推广的经验，无论如何要把经济搞上去，让人口奔着更高的生产率、更高的收入流动，让离开自己原来土地的人们能够留得住。

20世纪90年代，"城镇化"这个概念在政府文件中被正式提出来，李克强总理曾多次讲过城镇化是中国经济发展的最大引擎，国家发改委也相应地做了很多规划，而中国的工业化已经起步很久了。如果把改革开放40年作为一个大的时间段，前20年中国的城镇化是由工业化引致的，这其实奠定了良好的基础，先要有经济，先要有收入，先要有收入梯次的差别，才能有动力，才能着落，才不至于落入像拉美一些国家的贫民窟的情况。

发展到一定阶段，城镇化确实也出现了一些问题。在中国其实需要解决好三个问题。第一个是城市本身的发展问题。中国城市的发展非常强烈地受外来人口的影响，我们现在还要解决好"三个1亿人"问题，促进约1亿农业转移人口落户城镇，改造约1亿人居住的城镇棚户区和城中村，引导约1亿人在中西部地区就近城镇化。因此，城市的发展就得考虑这些人的流动，这是中国城镇化的一大问题。人一出生就被分为城里人和乡下人两类，而且待遇、社会权利其实是不太一样的，这就涉及城镇户籍人口乃至整个人口的户籍制度改革问题，其他新兴经济体没有这个问题。现在中央下发了很多文件，很多地方也采取了一些措施，但还是发展得不太平衡。关于这个问题中小城市解决得好一点，像北、上、广、深这类超大型城市和大城市的户籍制度调整还存在一些问题。

与它密切关联的还有居住证制度。北、上、广、深在推行居住证制度时也遇到很多问题，从地方政府的角度来说，把更需要的人才吸引过来、留下来，这也很客观，但是若使用不文明的方式处理，就存在问题。如果宽泛地讲就是城区内公共服务的均等化程度问题，公共服务要让所有在这里居住、工作、生活的人都能够享受到，包括教育、医疗、养老等，但到现在也还存在很大问题。

第二个是城市功能的提升问题。按理说我国是经济发展在前，城市的功能比较容易健全。但中国老的城市可能是城在前、市在后，这样就会存在城市功能不足的问题。中国后来发展的城市都是市在前、城在后，但也规划得不好，因为在快速工业化过程中，对于城市化问题关注不够，所以存在城市功能严重不足的问题。比较突出的是棚户区、城中村改造问题，即使经过多年努力，棚户区改造依然涉及1亿人口。还有城市综合交通体系的建设问题，现在所有城市可能都遇到这样的问题。原来我们是用"农民式"的方法解决这个问题，一拥挤就拓宽道路，有时路宽了交通反而不方便，并没有现代城市交通的概念。比如地下管道的问题，身处北京体会得最深，雨水比较大时，群众的生命财产就容易受到威胁，整个城市的功能是有问题的。中国社会科学院考古研究所的研究人员告诉我们，早在两千年前中国的城市就有发达的地下水路。目前新建设的"海绵城市"实际上也与水有关系。

这些事实说明我们对城市功能没有建立清晰、完整的概念，对于相关问题，特别是关于人的全面提升问题考虑得不够，这也是下一步中国的城市化面临的大问题。在我的印象中，巴黎把市民的便利和需求放在前列，对此考虑得比较多。

第三个是住房问题。在一定意义上，城市的关键就是城市住宅。现在我国住房市场最大的问题就是"心中无数"，不知道市场上有多少套房，也不知道还有多少人需要住房，在"心中无数"的情况下来调控房地产市场，肯定会出问题。

前几年我去香港的时候，前任特首谈过内地的房地产市场，他说内地的房地产市场是有问题的，调控房地产市场最主要的指标是空置率，并指出内地对空置率的统计不是很清楚。现在虽然有一些城市开始统计空置率，但统计结果有误导性，他们直接找开发商来报数字，比如开发商盖了 100 套房子，卖出 95 套，空置率是 5%，开发商算的空置率也没错，但是整个城市的情况可不是这样的。所以讨论空置率就必须做田野调查，得一户一户去登记。

中国今后面临比较突出的第二类问题是城乡一体化问题。习近平总书记在 2018 年两会上强调城镇化、逆城镇化两个方面都要致力推动，逆城镇化也对乡村振兴提出了新要求。我觉得这是对的，但对怎样变成一个统一的大战略还是需要考虑的。在中国，乡村和城市其实在一定意义上是可以相互独立发展的，但是土地把二者连起来了，城市扩展需要土地，农村发展也需要高效地利用土地。2018年初发布的中央一号文件《中共中央国务院关于实施乡村振兴战略的意见》，我最近正在认真研读，发现里面信息量很大。关于深化农村土地制度改革，农民手里的"三块地"都有讲到。一是集体经营性建设用地入市，农民可以成为股东。二是承包地，进一步把土地的各种权属细分为集体土地所有权、农户承包权和土地经营权，而土地经营权可以流转、交易。这个思路肯定是对的，可交易有利于农村土地城市化。三是宅基地，又分为宅基地的所有权、资格权和使用权。所以，乡村振兴、城乡一体化又给我们提出好多新的题目。

第三类问题涉及金融，不论是提升城市功能还是在农村重新配置这些基于土地的各种资源，都需要钱来推动。中国前几十年的城市改造之所以能够顺利进行，是因为在高度工业化过程中什么都可以覆盖。但现在我们处于工业化的中后期，像北、上、广、深已经是后工业化时期了，没有能够创造大量收入的机会，经济增长速度不断下行，中美贸易摩擦也是一次重要的外部冲击。就我们自己运行的规律来说，也没有大规模地创造收入的可能，因此，大规模的投资难以得到支撑。五六年前学习习总书记的系列讲话，有一次在政治局会议上讨论过剩产能问题，他说到过剩产能就是水泥、钢筋过剩，建材、燃料过剩，如果我们能像欧洲一样，把城市的地下基础设施建起来，把国土整治一下，这些材料不是过剩，而是不够。他讲得非常好，这些产业还能支持中国经济发展 20 年，这正和我国城镇化对应起来了。现在我们有这个需求，同时也有这个供应，在物质层面上为什么就不能做呢？一边是产能过剩要去产能，另一边是城市基础设施一塌糊涂，所以这是个金融问题。中国的金融制度还不能够让供应和需求有效地结合，中国的金融是急功近利的，现在甚至在以金融养金融、以金融做金融，对于实体经济长期的、大规模的需要没有很好地去做。这就涉及下一步中国金融制度怎样改革的问题。

中国下一步的金融改革有很多事要做，第一件事是筹集长期资金。完善 600 多个城市的基础设施需要多少投资、多少钢筋、多少水泥，提供公共基础设施、公共服务等都需要大量资金，而现在恰恰是资金开始紧张了。在这种情况下，面对庞大的需求，对金融发展来说确实是一个挑战。

总体来说，城市化以及围绕城市化的这些问题是一个大题目，是一个长期的题目，是一个常做常新的题目。在中美贸易摩擦的背景下，中国经济发展的新时代对城镇化提出更多挑战。城镇化是一个综合性问题，所以更需要我们集思广益，把这个题目研究好。我相信这个问题是中国的潜力所在，我们面对当今愈加严峻的挑战，更要把这个潜力挖掘出来、好好利用。

【聚焦】

城镇化亟待解决的四个问题

王小鲁

我借这个机会提出几个问题来和大家一起探讨，只是初步的想法，可能不太成熟。

我想谈谈现在城镇化亟待解决的四个问题。

第一个问题，城乡转移人口市民化严重滞后。

按照统计，2017 年城镇常住人口中没有城镇户籍的有 2.25 亿人，这些人大部分没有被纳入城镇的医疗、养老、住房保障、子女教育等社保和公共服务体系。在我看来，现在城镇化的重中之重是解决农村到城市的转移人口安家落户、社会保障和获得公平的市民待遇等问题。

国家统计局过去每年有关于农民工的调查，其中关于农民工参保率的数据只公布到 2014 年。根据调查，2014 年农民工工伤保险的参保率还不到 30%，而且这是参保率最高的险种，医疗保险参保率为 18.2%，养老保险参保率为 16.4%，失业保险参保率为 9.8%，生育保险参保率为 7.1%，住房公积金参保率为 5.6%。2014 年与 2011 年相比，参保率都略有提高，工伤保险提高幅度最大，约为 6.1 个百分点，其他的大体上只提高了一两个百分点。这些农民工没有城镇户籍，因此大部分人也没有被纳入城镇的社会保障体系。

户籍改革进展如何？《国家新型城镇化规划（2014~2020 年）》提出户籍城镇化率将从 2012 年的 35% 提高到 2020 年的 45%，也就是说，将有 1 亿多人加入城镇户籍。2017 年户籍城镇化率比 2012 年提高 7 个百分点，这个进展还是不错的。但同一时期常住人口城镇化率也提高了 6 个百分点，即城镇化还在继续进行，有源源不断的人进入城市，也有就地城镇化，这些加起来共提高了 6 个百分点。因此，常住人口城镇化率和户籍人口城镇化率提高幅度相差不大。无户籍常住人口数量只从 2.34 亿减少到 2.25 亿，5 年时间只减少了 900 万人。如果按此速度估算一下，20 年后还有 1.8 亿人没有城镇户籍。这是一个亟待解决的问题，按现在户籍改革的进展和速度来讲是远远不够的，户籍改革亟须提速。

户籍改革怎么提速？第一，要改变城市特别是大城市对农民工落户条件过严、手续过繁的状况，很多人达到那个标准是可望而不可即的。大家都知道要积分落户，但是打一辈子工也达不到那个标准，所以就落不了户，那是一个看得见、摸不着的东西。第二，大城市要加快户籍改革，超大城市要严禁驱赶"低端人口"。第三，作为一个社会主义国家，应公平对待所有公民。第四，如何解决户籍改革加快带来的财政需求增加，即提高公共服务、扩大社会保障的资金从哪儿来？可以通过压缩非必要的行政支出和政府投资，扩大公共服务，政府的工作也要从以 GDP 为中心转向以服务为中心。

第二个问题，城市建设过度占地和过度投资。

1990 年全国城市建成区面积为 1.29 万平方公里，2016 年增长到 5.43 万平方公里，增长了 3~4 倍；县城、镇建成区面积从 1990 年的 2.03 万平方公里扩大到 2016 年的 5.92 万平方公里。建制镇建成区面积扩大是有原因的，在这期间有大量的乡变成了镇，建制镇的数量大大增加，随着镇的数量增加，其建成区面积扩大就很容易理解。但是城市建成区面积扩大就不好解释，在这期间城市数量并没有多大变化，面积却增加了好几倍。

随着城市建成区面积的扩大，城市的人口密度在急剧下降，1990年城市建成区 2.53 万人 / 平方公里，2016 年是 8800 人 / 平方公里，也就是说，2016 年的城市人口密度几乎只相当于 1990 年的 1/3。这期间，城市盖了很多高楼，容积率也上升了很多，过去是 3 层楼、4 层楼，现在都是 20 层楼、30 层楼。为什么人口密度反而急剧下降呢？这个问题需要我们解答。同一时期，县城、镇建成区的人口密度也有所下降，但是下降幅度有限，从 7200 人 / 平方公里降到 5900 人 / 平方公里。乡、村的人口密度也在下降，这点很容易理解，因为很多人进城打工了。

所以，城市化过程中出现了大量无效占地。2000~2016 年城市人口增长 65%（这里不包括镇），城市建成区面积却增长了 142%。城市建设无效占地太多，土地大量浪费，因此城市丧失了提高土地集约度的功能。我们知道，城市化有集约利用土地的功能，人口密集地居住在城市，可以大量节约土地资源，现在这个功能正在丧失。

如果未来我国城镇化率从 58% 上升到 78%，假设将来达到接近发达国家的水平，再加上基础设施占地，按过去趋势估计将再多占地 10 万平方公里，我国耕地保护红线必然会被突破。我国耕地保护红线过去是 18 亿亩，由于计量方式的改变，现在是 20 亿亩。假定我国耕地保护红线是 20 亿亩，现在正好在这个坎上，如果再多占 10 万平方公里的土地，基本上都要占耕地。因此，如果占地趋势不变，耕地保护红线必然保不住。

关于城市建设过度投资的问题。2000 年国有控股投资（包括政府投资和国有控股企业投资）占 GDP 的 18.5%，2016 年上升到 28.6%，这些国有控股投资大量用于城市建设。

2016 年国有控股投资是 21.38 万亿元，其中，投资交通运输设施 3.95 万亿元、房地产业 3.90 万亿元、公共设施 4.38 万亿元、公共管理 0.66 万亿元。除了交通运输设施包含大量城市之间的交通线，其他几类投资基本上在城市建设范围之内。我们估算，2016 年政府加国有企业城市建设投资共 10.26 万亿元，相当于全国财政收入的 64%，是不可持续的。这笔钱大部分不是来源于财政，是借的。我们现在的问题就是这样，很多地方政府通过融资平台借了大量的钱，但永远是借新债还旧债，本金是还不了的。未来要还就得动真金白银，就得拿财政收入还。

在我看来，城市建设中的投资和土地存在大量浪费，主要在于：一是全国到处在拆旧城建新城——大广场宽马路，楼房道路不断翻建，以及过度豪华的"花园型城市"；二是全国城市的数百个国家级开发区、产业园区，大量空置，没有发挥重大作用；三是全国各城市规划相加可容纳 30 多亿人口，但未来中国城市最多有 10 亿 ~15 亿人，再扣除乡村人口，规划基本是合理规模的 3 倍以上。

第三个问题，土地制度改革滞后，浪费土地资源，阻碍了城镇化进行。

十八届三中全会《决定》(《中共中央关于全面深化改革若干重大问题的决定》)中指出，要"建立城乡统一的建设用地市场。在符合规划和用途管制前提下，允许农村集体经营性建设用地出让、租赁、入股，实行与国有土地同等入市、同权同价"。同时也要"改革完善农村宅基地制度"，"慎重稳妥推进农民住房财产权抵押、担保、转让"，"建立农村产权流转交易市场"。

在我看来，土地制度改革进展得非常缓慢。现行土地制度由地方政府独家征地卖地，由于存在卖方垄断，所以推高了地价房价，大量消耗了土地资源，是不可持续的。解决这个问题需要开放土地市场，但农村集体建设用地和农户宅基地入市仍然受到种种限制，比如只有乡镇企业占有的经营性集体建设用地才可以入市，农户闲置的宅基地只能卖给本村人等。现在土地制度改革只有少数地方试点，无显著进展。目前，13个城市允许集体建设用地建租赁房，这是一个进步。

在城市化过程中，边远地区人口不断减少，建设用地和宅基地闲置，而城市化地区可用土地资源短缺。不开放土地市场，城市化推进将遇到阻力，很多农村地区将走向衰败。通过推广跨省增减挂钩、土地复垦，指标通过市场转让，能合理配置土地资源。重庆推行了地票制度，成都推行了土地指标交易制度，两者大同小异，都是将村庄闲置的土地复垦成耕地，多出来的耕地指标可以买卖。如果城市需要土地，通过购买耕地指标可以占地，农村腾出一亩闲置土地，城市占一亩土地，土地总面积不变，还是平衡的。如果考虑土地质量问题，也可以打折扣，比如占的是好地一亩可以算两亩。通过这个方式，土地资源能够得到充分、有效的利用。当然，土地市场一定要规范、透明，特别要保护农户合法权益不受侵犯，这是未来改革需要做的事情。

第四个问题，正确理解"大城市病"，合理调整城市化政策。

研究发现，大城市因为聚集效应会带来巨大的规模收益，特大中心城市对经济全局有不可替代的带动作用。不要认为大城市都有"大城市病"，只有小城市好，这是错误的理解。

我在 1999 年做过一项研究，用全国 600 多个城市的面板数据做了一个模型，以此来测算城市的最优规模，结果显示 100 万~400 万人口规模的大城市净规模收益最大。然而，当时的政策是要严格限制大城市的规模，且 50 万人口以上就被称为大城市，政策鼓励发展的是小城市和小城镇。模型结果显示这些小城市和小城镇基本没有溢出效应，而 100 万~400 万人口的大城市才有最高的溢出效应，占城市GDP 的 17%~19%。这个研究也存在一些缺陷，没有考虑城市和城市之间的关系，只是把单个城市作为观察值，还有一些数据不可得的因素。如果把这些没有考虑到的因素都加进去，最优城市规模将大大地拓展，但是因为数据的关系，还没有做更新的研究。

过去有很多例子表明发展中国家常有大城市病，通常情况下并非因为城市过大，而是因为城市规划布局不合理、管理落后。合理的交通规划、区位布局和城市群的发展可以进一步合理扩大城市规模。

反思一下我国城市化政策，20世纪80年代的城市发展政策是积极发展小城镇，合理发展中小城市（所谓中等城市是20万~50万人口规模的城市），严格控制大城市（所谓大城市是50万以上人口规模的城市），早期政策在当时对城市化进展有显著阻碍作用。2000年之后政策转变为大中小城市和小城镇协调发展，以及鼓励农民工进城。这些政策的实行促进了城市化发展和经济增长。2000年以后，我国城镇化率每年提高1.3~1.4个百分点，20世纪90年代每年增幅约为1%，80年代年均增长0.8%左右，改革开放前20年年均增幅只有0.1%。

目前大城市的落户限制过多、过严，一方面很多城市在抢大学生，另一方面对农民工又有很多限制，未能解决他们的基本问题，这些政策恐怕偏离了经济合理性。我国的发展经验表明，没有农民工进城就没有城市服务业的发展。

北京市人口压力大的原因有以下几个方面。第一，政府配置资源越多，向北京集中的机构越多。很多大企业总部设在北京，因为和政府沟通更密切。第二，作为首都，北京享有各种优惠条件，额外增加了吸引力，如优势教育资源在北京特别集中。第三，周边城市群未发展起来，增加了北京人口压力。而珠三角、长三角都形成了城市群，100 万以上人口的城市有 5~8 个。要解决北京市人口压力过大的问题，就要减少行政审批和专项转移支付，减少政策特惠，促进京津冀一体化发展。

最后用几句话简单作个总结。第一，城市化导向要从"见物不见人"转向"以人为中心"，政府职能要转变。第二，让市场发挥合理配置土地资源的功能，促进城乡一体化和谐发展。第三，城市规模经济不容忽视。第四，只有政策公平，才能协调发展。

新时代城镇化要注重以人为本

黄平

"大城市病"是由美国社会学家罗伯特·帕克等提出的概念。美国芝加哥因为存在犯罪、吸毒、交通等诸多问题，是一个典型的有"大城市病"的城市。在此之前，我们熟悉的是曼彻斯特、伯明翰、利物浦这些城市的英国工人阶级状况。

费孝通老师的博士学位论文写的是他的家乡江苏，他的博士学位论文被认为是人类学里程碑式的成果。文中有三个突破。第一，传统的人类学是外人研究他人，本人研究本人是不客观的，人类学要研究别的社会才客观。第二，一般传统是先进发达工业社会研究原始落后非工业社会，或者是农业社会，他研究的是江南制造业，已经相当发达了，虽然是村一级，但后来成为乡镇企业的基础。第三，他的研究突破了原来人类学的一个不成文的规定，即人类学的研究不涉及大社会，研究一个小社区，他是以小看大。

20世纪80年代初费孝通老师就倡导三个中国农民伟大创造，一是分田责任制，二是乡镇企业，三是农民工进城。后来邓小平同志把前面两个称作伟大创造，对第三个没有充分肯定。他搞小城镇实际上是想推动农民工进城，当时进大城市难，尤其是进上海有严格限制。

费老的理念是像上海、南京这样的大城市，下面分布苏州、杭州、无锡这样的中型城市，再加上大量的小城镇，大、中、小星罗棋布形成"江南"这样的统一格局，而不是说只有小城镇、没有大城市，这种模式可能会成为发展的一个范式。

20世纪80年代，我们跟着费老做过三个中国农民伟大创造的研究，费老确实推动了小城镇和农民工进城的发展。不只是江南，甚至甘肃也应该施行农民工进城，实现城乡一体化。我记得20世纪80年代末开过一次百镇研讨会，主题是如何激发古镇活力，将某地纳入苏州、南京、上海这样的大城市，成为大城市有机的一环，而不是隔绝、分离、对立。

另一个概念是刚才小鲁所长讲的"以人为本"，最早出现于1995 年在哥本哈根举行的联合国社会发展世界首脑会议，后来慢慢发展为我国科学发展观的核心概念，这里的"人"包括农民工。回到刚才提到的古典恩格斯概念，伯明翰、曼彻斯特、利物浦这些城市的人就是农民工，生活在非常恶劣、悲惨甚至绝望的环境下，就是所谓的工人阶级。现在至少在社会学的概念中，不管你有没有户口，比如印度的加尔各答是"大城市病"的典型，加尔各答有1/2 以上的"贱民"，墨西哥有难民，你在这里居住、工作，就是城市人。

当然我们还有一种城镇化，费老研究发现，江南很多名字带"村"的地方，早就没有农业了，而是以工业、副业加工等为主的非农业。

回到这次调研，欧洲城镇化 3.0 版的概念是什么。恩格斯认为，利物浦、伯明翰，包括 20 世纪 30 年代的芝加哥是城镇化 1.0 版，或者西方意义上的城市化。2.0 版的城镇化是 1945 年二战后西方搞卫星城，大城市中心搞功能区，如银行区、商业区、工业区等。3.0 版的城镇化是冷战结束进入 21 世纪以后。我们去调研时发现，物理空间已经非常有限，很多地方被私有化了，政府无法占地。美国最典型，里根总统以后一条高速公路都没修，就是因为土地没法征用；欧洲面积本来就小，不可能再通过拓展来发展。同时，城镇化 2.0 版的缺点也显现出来了，银行区、商业区在周末成了"叫花子"的聚集地，不但在那里住还搞得又脏又臭，甚至有吸毒、犯罪的；在卫星城居住的人一般离上班地方很远，很多人开车到四环，停在地铁站坐地铁上班，机会成本很高、心理压力太大。城镇化 2.0 版的功能分区，如市中心分功能区、搞卫星城居住在郊外，其实是逆城市化，至少在经济和管理服务上还没有达到"以人为本"。20 世纪 80 年代中后期，经济学家、社会学家以及心理学家都参与到城市规划中。通过累加有限的物理空间，把社会空间打开，比如原来这里是交通枢纽，现在变成青年人上网、老年人遛弯儿、小孩子玩耍、工薪人员吃午饭的地方，把社会功能累加起来，这是城镇化 3.0 版的一个要素。还有"绿色"，以人为本体现的不只是抽象的绿色，绿色经济最后要落到绿色预算上，就是把原来企业的外部效应算作城市的成本加进去。要以人为本，把空间打开和累加以后变得很舒适，又便捷，又宜人，城市里的花园也搞起来，这是城镇化 3.0 版。

我们国家现在确实还有一些地区处在农耕、牧业社会，前工业化时期、工业化初期和工业化高潮三种情况都有，在这种情况下，不可能重新走利物浦、曼彻斯特、芝加哥的城镇化 1.0 版，再走1945~1965 年的城镇化 2.0 版，然后到 3.0 版。习主席在达沃斯论坛上回应贸易自由化时讲得很清楚，全球化最大的问题就是贫富悬殊、分布不公。城市布局、城市设计，包括资金使用、服务便利化，其实也存在这个问题。城镇化 3.0 版就是要在设计之初，把各方面利益、各方面声音、各个学科都要考虑进来。

OECD 提出的城镇化率任务我们已经基本完成，但还谈不上高质量。按照社会学标准衡量，只要在这里生活、就业，都算城镇人口，进城人口远远高于我们任何一个统计，但是离高质量还相差很远。城镇化 3.0 版北欧其实做得更好，它们根本不走所谓的弯路，一开始就把能源利用、健康考量、老中青三代人的扎堆、北欧孤独症、超高的自杀率等因素考虑进去。

我去印度的克拉拉做过三个月调研，克拉拉在印度有点像中国贵州，经济落后、地域范围小、位置偏远，但城乡界限不是二元和对立的。我国江南其实早就是这样的。我也试图从经济学角度研究为什么"上有天堂、下有苏杭"，因为按照传统经济学的投入产出、效益成本，江南应该早就破产了，但实际上不但没有破产，还盛产琴棋书画、雕刻、刺绣，出文人，出科学家。这归因于其不是利润最大化，而是风险最小化。以家庭为单位计算投入产出效益，一个人种粮食产 500 斤，两个人生产 700 斤，三个人生产 1000 斤，边际效益是递减的。但是以家庭为单位，这个家庭至少需要 1000 斤粮食解决吃饭问题，家庭成员各司其职，吃饭问题解决后还可以搞纺织、刺绣、养殖等，生活质量就提高了，这样的边际效益是递增的。

我觉得新时代的城镇化，一是一体化，二是以人为本，三是参考"他山之石"。建筑师在设计过程中涉及两个视角：一是孩子的视角，需要考虑 1 米以下的孩子看路、桥、房子的视角；二是性别的视角，以前设计更多是男性化的视角，坚、硬、冷，女性眼光进来后，舒适感就更强了。新时代的城镇化还需要从孩子和女性的视角来看待舒适、宜居和以人为本。

高质量发展下的城镇化

史育龙

我想就"面向高质量发展的城镇化"这一主题谈几点不成熟的看法，和大家交流分享。

一、中国城镇化成就与进展

当代中国正在经历的大规模的城镇化在全球发展进程中非常引人注目。单从速度来看，还不能说我们是特别快速的城镇化。日本、韩国历史上的快速城镇化时期年均增速要高于中国，韩国在 1965~1990 年的 25 年间，城镇化率由 32.4% 猛增到 73.8%，年均增速超过 1.6 个百分点。进入 21 世纪以后，我国的城镇化速度大体能够保持每年增长 1.2~1.4 个百分点。对于我国这么庞大的人口规模来说，还是非常了不起的。

现在我国城镇化的速度和水平已经超出了此前很多的预测。"城市化"第一次进入中国政府的文件，我印象当中应该是 1991 年通过的"八五"计划纲要，提到要"有计划地推进我国城市化进程，并使之同国民经济协调发展"。后来 1999 年的中央经济工作会议强调发展小城镇。"城镇化"正式进入国家文件中是 2001 年，2001 年通过的"十五"计划第一次编制了城镇化专项规划，里面提到"要不失时机地实施城镇化战略"，这是在中央的正式文件中第一次出现这样的表述。也正是从那时候开始，我国的城镇化明显比 20 世纪 80 年代、90 年代上了更高的台阶。

2002 年，党的十六大报告提出了中国特色的城镇化道路，后来又在此基础上提出了新型城镇化道路。2014 年发布的《国家新型城镇化规划》，从六个方面总结了城镇化的意义。第一，城镇化是现代化的必由之路。第二，城镇化是经济持续健康发展的强大引擎。第三，城镇化是产业结构转型升级的重要抓手。第四，城镇化是解决"三农"问题的重要途径。第五，城镇化是协调发展的有力支撑。第六，城镇化是社会全面进步的必然要求。这六个定位，我个人认为比较客观、准确地提出了城镇化在中国现代化进程中的作用和地位。

这些年来，以实施新型城镇化规划为主线，局部试点和全面推进相结合，在农民工市民化、土地制度改革、城镇化投融资机制等方面做了大量的工作。总体来讲，我国这些年的城镇化率、城镇化发展水平和速度、城镇人口规模增长速度还是比较好的。

在这个过程中，围绕着农业转移人口市民化，出现了两种方式。一是落户，就是刚刚说的1亿非本地户籍的人口在城市落户。二是对于没有落户的常住人口，建立居住证制度。持有居住证可以享受9项公共服务、6项便利，第一次申请给1年，第二次申请给3年，1年和3年有差别，第二次申请3年在1年的基础上增加了一些新的权利。

此外，《国家新型城镇化规划》确定了以城市群为主体形态推进新型城镇化的路径。过去，我们一直都是从小城镇、大战略的角度来理解费孝通老先生的思想，今天听了黄平所长的介绍，我觉得费老当时想的"大、中、小"星罗棋布聚集在一起，其实也是城市群思想的萌芽。

为了实施好《国家新型城镇化规划》，国家又开展了三批试点，包括2个省、246个市（镇），同时叠加了农村土地制度改革的三项试点。现在对于宅基地制度改革的探索，我觉得是这三块地改革中的焦点，也是最难的一部分。因为宅基地强调的是所有权、资格权和使用权，资格权实际上是把宅基地限定在一个集体经济组织的范围之内，只有本集体经济组织的成员才有资格享有宅基地。这三种权利与承包地的所有权、承包权和经营权是不一样的。

2017 年下半年，国家发改委已经组织对这些试点进行评估和总结，从各地实践中总结的成果也通过国家发改委微信公众号等渠道进行了宣传推广。

二、高质量发展对城镇化的新要求

进入高质量发展时代以后，城镇化的发展也要走高质量发展的路子。我国城镇化的发展路径从传统的、一般意义上的城镇化，发展到中国特色的城镇化道路，然后发展到新型城镇化道路。我前几年曾经尝试对新型城镇化的核心内涵做总结，提出把人本、和谐、集约、互动作为其核心内涵。

强调人本，是因为我们在相当长一个时期对城镇化问题的理解都是"见物不见人"，把修路、修桥、盖楼、修广场等物质形态的建设作为城镇化，反倒把真正意义上的城镇化，即通过城镇化实现对人的生活方式的改变忽略了。因此，城镇化是以人为本、以人为中心的社会发展过程。人的生活，在城市中生活的人的感受，才应当是城镇化政策关注的重点。和谐，就是强调城镇化过程中不同群体之间、不同地域板块之间，以及人与自然之间的关系。互动，则是强调城和乡两类异质空间之间的相互作用，在此基础上形成良性互动。当然，解决这些问题，离不开技术创新。通过接受新理念、采用新技术解决问题，如现在强调的智慧城市、生态城市、低碳城市等新型城市。

一般认为，中国城镇化的质量问题，主要表现为有 2 亿多已经进城、已经被统计为城市人口的人不能平等享有城市的基本公共服务，不能享有市民待遇。在高质量发展的视野下，这只是一个基础。城镇化除了本身具有的高质量，也要具有促进高质量发展的引领带动能力。

这就要求，城镇化要在优化人口空间分布的基础上，通过基础设施建设和要素配置，引导城乡产业结构的转型升级，促进区域协调发展，这里面涉及空间结构重塑和生产要素、创新要素的空间集聚扩散等。城镇化进程中的这些变化，能够带来显著的规模经济效益、社会分工效应和技术创新效应。只有这样，才能带动和促进城乡经济社会的发展进步，更好地满足城乡居民的需要，更好地支撑人的全面发展。

三、高质量发展下的中国城镇化发展趋势

近年来，我国城镇化速度已经有下降的势头。其中有几个方面的原因，既有人口结构变化的原因，也有我国进入经济新常态以后经济增长由高速转向中高速的原因，还因为这些年来中西部地区与沿海地区在基础设施等物质条件方面的差距逐渐缩小后，一些农民工回乡

创业。

总体上来看，我国城镇化的发展动力依然存在。无论是从城乡的非农产业和农业的劳动生产率差距，还是从城乡收入差距、公共服务差距来看，动力都是依然存在的。这些也恰好体现了城镇化是经济持续健康发展的强大引擎，是产业结构转型升级的重要抓手。城镇化使更多的人顺利进入他们所期待的生活空间和发展空间，城乡空间也会更具效率。

四、提出几点思考

前面李院长和两位所长都提到了我国在城市化认识上出现的变化，为什么会有这样的变化？

文献检索发现，"城市化"这个概念在中国学术界引入得很晚。新中国成立以后，最早的一篇文献是 1979 年南京大学地理系的吴友仁先生写的《关于我国社会主义城市化问题》。这篇文章写道："在我国实现四个现代化的过程中，必然要加快实现城市化。但是，我国实现的是社会主义的城市化，既与资本主义城市化有本质的区别，也与其他社会主义国家的城市化不同。"在 40 年前改革开放刚刚起步时，明确提出"必然要加快实现城市化"，是非常有前瞻性的。

到 1982 年，城市化问题在学术界引起了争论。当时有一篇文章提出："城市化是不以人的意志为转移的。"这实际上是对吴友仁先生观点的进一步延续。几个月之后有专家对此提出商榷："我们国内也有不少同志持这种观点，他们断言我国将继续走城市化的道路，把农村经济的综合发展看作城市化道路，我们认为这种观点是值得商榷的。"这篇文章认为城市化未必适合中国的发展方向，城市化不一定具有普遍性。1982年底，在南京召开了第一次中国城镇化道路的讨论会，会上就有人明确提出，城市化是资本主义发展的伴生现象，它不仅与我国社会主义制度相抵触，也与马克思主义的城乡学说是根本对立的。30多年前曾经有的这种认识，现在很难听到，但也不能说完全没有。

此外，我觉得新型城镇化在实践层面上有几个比较重要的问题。

第一，户籍制度改革的方向问题。

关于中国城镇化背景下的户籍制度改革，实践层面上大约是从"十五"计划第一次提出城镇化专项规划以后开始的。很多城市，比如郑州、石家庄等，都一度放开户口管制，但后来很快就停止了，原因是公共服务跟不上。再往后，就是户籍制度改革中的供需不匹配问题一直没有解决好。有进城意愿的人更多的是进入比较基层的中小城市、县城和小城镇，但这些想进城的人的需求又是从上往下的，这就是供需之间的不匹配。在落户需求强烈的特大城市短时间内难以充分满足需求的情况下，居住证制度应运而生。目前户籍和居住证制度并行，进一步加大了落户的难度。

第二，关于小城镇、乡村振兴和城乡融合发展的问题。

关于小城镇发展的起源，我印象当中是 20 世纪 80 年代费孝通老先生的那篇经典著作。到了 1999 年，中央文件指出，发展小城镇，是带动农村经济和社会发展的一个大战略，这个提法我觉得是精准的，但是后来媒体抓了两头，把中间给摘了，于是就简化成了"小城镇，大战略"，脱离了农村经济和社会发展这个适用范围，成为全社会意义上的大战略，意思完全变了。

第三，关于城镇空间格局。

这涉及城市群主体形态，国家已经规划了"19+2"的城市群空间。城市群是以中心城市为核心，由相邻中小城市共同形成的一种空间形态。这意味着城市群的发展，以城市群范围内的每一个城市，特别是中心城市的充分发展为前提。于是我们就看到长三角、珠三角城市群的主体形态非常清晰，而在天山北坡、宁夏沿黄地区、兰州—西宁等经济社会发展水平和人口密度都较低的西部内陆，城市群很难形成。原因在于这些地区的中心城市自身也没有得到充分发展，现在谋划城市群，其实是超越发展阶段了。

第四，城镇行政管理体制的问题。

我们在推进新型城镇化的过程中，很难解决的一个问题就是中国城市对行政因素过度依赖。现在很多城市要么通过撤县（市）设区等方式千方百计地把规模做大，要么想办法提高城市的行政级别。

由于行政级别意味着资源和要素的配置能力，所以一些城市把层级分为直辖市、副省级、设区的城市、县级市、建制镇，有一些省会城市和设区的城市采用主要领导高配方式，这些使城市行政层级体系更加复杂。

对于行政因素的高度依赖，还表现为城市调整行政区划。实践中很多城市就是这样，而且我们也观察到，调整行政区划是见效最快的一种方式。比如，安徽把巢湖地区分解以后，合肥很受益，相关各方也都满意，起到了促进发展的效果。这也许真的是适合中国国情、适合当前发展阶段，同时可以促进中心城市发展壮大的一个有效方式，在理论和实践层面对这个问题的研究，还值得进一步深入。

高质量政府与城市竞争

张晓晶

我讲的主题涉及行政资源配置和城市竞争，其中主要是讲政府，也是讲改革，但是跟城市发展有很大关系。

在此之前，我想提一下关于城市发展的一些新的研究，因为这涉及当今的一些判断，如

大城市、城市集群、城市集中等方面的一些问题。这是一项最新的研究，68 个国家共同做了一个城市集中度的研究，使用的是市场集中度的计算方法。研究发现了一个很有意思的规律，在发展中国家向发达国家发展的过程中，城市集中度是在下降的，也就是说，等我们走向发达国家，城市的集中度可能会下降。此项研究对城市集中度做了三大类的区分，一类是 5 万人以上规模的城市，一类是 10 万人以上规模的城市，还有一类是该国前 25 个最大城市。从这三类数据来看，从发展中国家到发达国家，城市集中度都在下降，这是一个趋势。这一研究考察的 1985~2010 年是比较长的时间段，也与我国小城市发展时间段相对应，就是 20 世纪 80 年代中期。

第二个发现，专门看发展中国家。5 万人以上和 10 万人以上规模的城市集中度在下降，但无论是发达国家还是发展中国家，前 25 个最大城市的集中度变化不大。用更细的数据去看，一些发达国家前 25 个最大城市的城市集中度是上升的，具体说 10 个发达国家中有 4 个国家的城市集中度在上升。如果细分发展中国家，拉美国家的城市集中度在下降，但是亚洲国家的城市集中度上升的城市非常多，每两个国家中就有一个国家的前 25 个大城市的城市集中度在上升，这与行政资源分布、政府主导其实都有关系。亚洲国家的这些特点跟政府主导有很大关联，亚洲城市如首尔、东京、北京等也都是因为其具有强大的行政配置资源能力，才成为特大的、超大的城市。

最后一个发现，在发达国家，超大城市的经济效益、劳动生产率的贡献相对会大一点，但是在发展中国家，超大城市这方面的贡献会小一点，原因在于城市管理、政府作用没有发挥得很好，有时候甚至起到反作用。这既是一个大背景，也是今天讨论的重要方面。

城市也是地方、地区，城市竞争也是地区竞争的一个重要体现，现在它更显性化了，体现在如城市排名、市长到处招商引资等方面。我们将其看作城市竞争模式，首先是产业竞争。搞实业的一般是"工业化在前、城市化在后"，但是实业竞争发生了变化，现在制造业产能过剩。如今是大力发展服务业，但对于服务业竞争其实我们没有做好思想准备。各地区在吸引服务业方面没有很大动力，因为引资是要规模的，诸如富士康等制造业规模很大，但是服务业如会计师事务所、评级公司等，其资金规模并不大，可能就一个办公室。主要还得解决人的问题，诸如进出便利、孩子上学等各个方面，而我们仍未做好准备。

其次是人才竞争。现在各地都觉得 21 世纪最重要的是人才，但实际上在争夺人才方面，政府短期化的措施比较多，而且是跟房地产发展结合起来的，即是人才就给落户，而落户的条件是要买房。从产业到人才再到制度，要真正长期努力才能够有竞争力。制度竞争最终竞争的是城市的"软件"，特别是社会基础设施及营商环境。制度原则上由政府来提供，如果没有高质量的政府，城市竞争或者城市发展就很难做好，高质量的城市化发展最根本的条件就是要有高质量的政府来支撑。

简单说一下这几个层面存在的问题。

第一，产业竞争。我们梳理过各个地方的五年规划，发现各地产业竞争的同质化问题严重，大家都是同产业竞争。国家层面的特惠政策（选择性与歧视性），以及地区层面的特惠政策（歧视性与地方保护），与地方政府的支持有很大关系。其中有很多的地方保护，甚至是壁垒，比如各地的出租车行业，会首选当地产的车，在它们看来这是一种正常的保护政策，是竞争的手段，但是这些政策在未来的高质量发展阶段不利于全国层面高质量发展的要求。

现在又开始注重制造业引资和引资规模，但忽视服务业引资和人才引进。在引进外资的时候，除了以前的FDI，还有FDE，强调的直接是专业人才进入。服务业的发展最终是对接人才，在产业竞争尤其是服务业竞争中，吸引人才靠制度、靠长期政策，这应该是我国地区竞争或城市发展方面一个大的弱项。

第二，人才竞争。现在很多吸引人才的政策是远远不够的，真正人才竞争恐怕不是提供那点优惠待遇，而是提供公平竞争的环境和更多的发展机会。决定人才流向的是政策环境、发展空间、文化认同、人居环境等。人才竞争在一些地方成了变相"卖房"。现在很多地方，包括海南的很多政策，其实都跟买房有关系，但是现在海南房子不让买了，对于人才的吸引力大大减弱了。

第三，制度竞争与治理竞争。国际竞争的最高层面就是制度竞争，如中美贸易战，可以归结为资本主义和社会主义这样的两种制度，也可以细化成更多治理方面的模式。

未来城市竞争是高端服务业竞争（如世界金融中心与创新中心），当然这是指一些一线城市，并不是所有的城市；体现的是知识密集、人才密集，竞争靠的是制度（如知识产权保护）、规则（巴塞尔协议）和标准（5G）等，不再局限于物理实体，如厂房和生产线。

从现在政府所掌控的资源来看，根本的问题是政府如何通过市场化的方式，或者通过更合理的方式促进未来的城市发展。城市化发展应由市场主导，而政府又掌握了大量资源，这可能是今天我们讨论这个问题遇到的最大障碍。简单整理一下政府掌握的资源，大体上有四类：第一，要素资源，如土地、资金、资源能源、基础设施；第二，财政资源，如国有企业、财税收入、其他收费等；第三，规制资源，如准入、定价、特许权、频道分配等；第四，政策资源，包括产业政策和各类财税金融政策。

根据我们最新的国家资产负债表估算，中国政府的净资产占国家财富比重近些年的水平为25%~30%，远远高于英、美、日、德这些发达国家。我们参考了一些国际研究，捷克比我们略高一点，也就是说，我国公共资产、政府净资产占GDP的比重非常之高，已经超过了俄罗斯。俄罗斯曾经非常高，如今已经非常低了。其他很多国家的政府，其净财富都是负的，这并不是说它们没有资产，只不过是因为它们借债太多了，目前我国政府的负债相对来讲还是比较少的。

政府掌握的资源，最根本的是提供基本的公共产品和公共服务，包括安全、环境、社会稳定、社会公平等，这是最低层面的。积极的政府不仅限于此，还会附加很多积极功能。世界银行 1997 年的一个报告对政府功能进行了归纳：政府的最小功能是保护穷人、促进公平、公共卫生、宏观调控、产权保护、国防、法律和秩序、提供纯粹的公共产品等；中等功能是社会保险、金融监管、反垄断、环保、教育、应对外部性等；积极功能是财富再分配和产业政策。

高质量的城市发展和竞争需要高质量的政府建设，竞争重心与评价方式的变化恰恰成为推动高质量政府建设的基本力量。首先，过去是以 GDP 为基本导向的竞争模式，高质量发展阶段要转向以提供公共产品、公共服务为主导的竞争模式。西方的城市服务是财政理论里的内容，20 世纪五六十年代在美国出现了一系列的文献，就是说城市服务、税收等各方面不好，居民可以"用脚投票"，离开此城市。从发达经济体的城市发展来看，也经历了这样一个阶段，它们之前也注重经济发展、招商引资，但是二战以后，进入大城市的发展以后，发现城市公共服务的提供成了最重要的指标。

其次，现在强调的提供公共服务、公共产品的评价方式也要相应地转变。过去我们注重 GDP，是自上而下的评价，GDP 是重要的排名依据。如果改变竞争模式，以提供公共服务和公共产品为主导，就需要转变为自下而上的评价方式，因为服务的感受好不好，各方面有没有享受到公共安全、社会稳定、社会公平等，其实要以个人的感受为主要依据。所以，怎样改变评价方式是非常重要的。

下面从三个角度来看高质量政府建设。

第一，资源配置中的政府。十八届三中全会提出，"使市场在资源配置中起决定性作用和更好发挥政府作用"。怎样来推进呢？我们并不是抓不住主要矛盾，而是找不到切入点，这几乎是当今整个改革所遇到的大问题。大家认真去看政策文件，其实已经有了比较好的说法。

习总书记在《围绕贯彻党的十八届五中全会精神做好当前经济工作》中指出："更好发挥政府作用，不是要更多发挥政府作用，而是要在保证市场发挥决定性作用的前提下，管好那些市场管不了或管不好的事情。"这个原话是非常重要的，至少有两层意思：第一层意思是政府发挥作用要以市场发挥决定性作用为前提，如果政府发挥作用削弱了或者是替代了市场发挥决定性作用，政府就没有更好地发挥作用，这是很简单的道理；第二层意思是政府需要治理市场管不了的，由于市场失灵或者市场本身的一些弊端，有些市场管不好，比如有时市场会带来贫富差距扩大、马太效应等。

如果回到这个政策文件来理解，可以得到以下判断，在资源配置层面上，未来的改革要以市场经济为基本原则、基本信仰，并以此来约束、规范、调整政府的行为；而不是以政府主导为信仰、为遵循原则，让市场经济来协调和配合。"市场发挥决定性作用"是问题导向，习总书记列举了很多市场发挥决定性作用但发挥得不好的地方，现在的问题就在这里，要从这个角度来推进改革。这个事情有时候是很难的，很多做法是政府主导，包括搞规划、产业政策等，也包括城镇化的推进，比如建特色城镇成为国家政策后，出现很多基金与各方面的支持，但我认为这个发展模式违背了十八届三中全会的精神。

第二，国家治理中的政府。国家治理是三元共治的，前面讲了政府和市场这两层关系，现在出现了政府、市场和社会三层关系，更为复杂了。讲到改革，国家治理能力和治理体系现代化是改革的总目标，在十八届三中全会的文件中体现为"全面深化改革的总目标是完善和发展中国特色社会主义制度，推进国家治理体系和治理能力现代化"。讨论国家治理中的政府的时候有三个要素——国家能力、法治政府和责任政府。

国家能力主要体现在四个方面。第一，动员资源的能力，既包括政府自身掌握的资源，比如政府资产，也包括政府动员资源的能力，如征税、举债等。我国有很多国有企业，政府自身掌控了很多资源，可以发债；美国很典型，政府没有那么多的资源，也可以发债，这就是国家能力的一个体现。第二，提供制度规则及其他公共品的能力，如产权保护、公平的竞争环境、环境规制等制度规则，以及公共安全、社会公平、经济稳定等公共品。第三，提供基础设施与公共服务的能力，既包括交通运输、机场、港口、桥梁、通信、水利等基础设施，也包括医疗教育社保等公共服务。实际上，不少研究将提供基础设施的能力作为国家能力的主要衡量指标。第四，官僚体系的效率，即政府的行政能力。它可以说是国家能力的基本和前提。

如果仅仅是基于国家能力的话，可能很多东西都不需要讨论，因为我们国家能力很强了，但这恰恰是今天要讨论的要点之一。国家能力太强而缺乏约束，就会造成政府和市场间关系处理的问题，这不符合十八届三中全会的指导精神。我们需要从法治政府和责任政府的角度对国家能力进行约束和限制。法治政府的要旨在于，宪法和法律具有至高无上的权威性地位，一切权力行为或者行政行为都必须有法律依据，否则均为违法。

第三，问责机制中的政府。责任政府意味着政府要对社会的公共利益负责。任何政府如果拥有权力但缺乏问责机制的制衡，就会产生腐败。这可以用一个简单的公式来表达：腐败＝自由裁量权－负责制。也就是说，如果自由裁量权很大，但是没有负责制，那么腐败就会很严重，这是个非常简单的公式。从这个角度来讲，现在什么都要问责，环境要问责、地方债要问责、银行坏账要问责、煤矿安全事故等都要问责。问责制在概念上要比民主更为宽泛。问责制的实施往往体现为上级对下级的问责，而实际上，真正的问责是民众对于政府的问责，这是自下而上的问责，这样才能对政府行为有所约束。未来，责任政府的发展就是要以人民为中心，政府代表人民的利益，并接受人民的监督。因此，如何使问责机制对政府行为形成真正的约束，是建立责任政府的关键。

从这三个角度来看，一个国家要繁荣发展，需要国家能力、法治政府与责任政府的三者配合，缺一不可。即使我们国家能力很强、执行能力很强，行政化推进可能比任何国家都要快，但是刃太锋利，没有约束会带来副作用，所以需要法治政府和责任政府来约束。美国和中国在国家治理方面最大的区别在于，目前美国的国家能力弱，而法治政府和责任政府相对较强；中国则相反，国家能力强，法治政府与责任政府相对较弱。这是我们未来建立高质量政府所面临的非常重要的课题。

虽然没有专门讲城镇化，但实际上未来我国城镇化的推进跟这些问题是直接相关的。如果说 40 年前中国改革的起点和重心在市场，那么，40 年后中国改革的起点和重心在政府。过去的市场化推进，只要政府放手便有发展；但今天的市场化推进，所遇瓶颈和障碍，归根到底在政府。市场本身是个逐步完善的过程，在这个过程中有时遇到的障碍还是来自政府的力量，包括政府行政权、审批权等各方面的主导，也包括其他相关的国有企业。

展望政府改革，就资源配置维度而言，政府应以市场发挥决定性作用为前提，减少扭曲；就国家治理维度而言，应在法治政府与责任政府的约束下发挥国家能力，推进国家治理能力与治理体系的现代化，这些对于高质量的城镇化发展都有非常重要的意义。

图书在版编目(CIP)数据

去杠杆：经济转型下的高质量发展 / 李扬主编. --
北京：社会科学文献出版社，2020.10
（金融智库实录. 立言）
ISBN 978-7-5201-6979-0

Ⅰ.①去… Ⅱ.①李… Ⅲ.①中国经济-转型经济-
研究 Ⅳ.①F12

中国版本图书馆CIP数据核字（2020）第134591号

金融智库实录·立言
去杠杆：经济转型下的高质量发展

主　　编 / 李　扬

出 版 人 / 谢寿光
组稿编辑 / 恽　薇
责任编辑 / 孔庆梅

出　　版 / 社会科学文献出版社·经济与管理分社（010）59367226
　　　　　 地址：北京市北三环中路甲29号院华龙大厦　邮编：100029
　　　　　 网址：www.ssap.com.cn
发　　行 / 市场营销中心（010）59367081　59367083
印　　装 / 北京盛通印刷股份有限公司

规　　格 / 开　本：880mm×1230mm 1/32
　　　　　 印　张：7.5　字　数：149千字
版　　次 / 2020年10月第1版　2020年10月第1次印刷
书　　号 / ISBN 978-7-5201-6979-0
定　　价 / 69.00元